Carmen María Alaraiz (Paraguay)

CARMEN MARÍA ALARAIZ
Paraguay

(Asunción, marzo de 1969). Ha participado en actividades del Club del Paraguay, entidad que reúne a Poetas, Ensayistas y Narradores, desde 1990 hasta el año 2010. Ocupó los cargos de Secretaria General. Tiene varios trabajos que aparecen en antologías y revistas nacionales y extranjeras.

Su obra ha sido presentada en diferentes países de Europa y Estados Unidos.

Ha participado en diversas antologías poéticas entre ellas destaca: Mis Versos a la Poesía.

Trabajos editados

Encrucijada

Tierra y Mar

El Templo de 7 Columnas

"Puede el amor transformar el entorno desde su interior"

ERES POESÍA

Cuando me besas
cuando me abrazas
cuando me dices
palabras bonitas.

Eres poesía
cuando tus labios
pronuncian mi nombre
cuando el reloj se
detiene en tus brazos.
cuando mis labios
se callan con tus besos.

Eres poesía
cuando me dedicas
tu canción favorita
cuando me traes
mi helado napolitano
cuando tus labios se quedan
callados con mis besos.

Eres poesía
cuando tomas y
acaricias mis manos
cuando me llamas
en las noches de frío.
cuando deseas que
siempre sea feliz.

Magaly Aguilar Solorza (México)

MAGALI AGUILAR SOLORZA
México

Escribe desde temprana edad, es mexicana. Nació en un estado rico en historia, tradición y cultura, por registro es de Jilotepec, Estado de México. Es una poeta autodidacta, sensible con una gran fuerza interior en el momento de versar. Magali, a pesar de su carácter fuerte, desnuda su corazón y el alma al escribir.

Es Co-administradora en Radio Piano Bar. Miembro del grupo Occeg Papantla. ELILUC en Miami Florida. Némesis arte & poesía. Participa en Poetas Migrantes en San Luis Río Colorado. Grupo de Rima Jatabé y en el Congreso Universal de Escritores. Entre otros importantes grupos de poesía virtual.

-Figura en Directorio Mundial de Literatura, Historia, Arte y Cultura. En el Directorio de los Mil Poetas.

Sus poemas los han trasmitido en las Islas Canarias (España,). En Radio Piano Bar y Declamados lo poetas y escritores españoles Dolors Sans Libra M, Salvador Gregorio y el desaparecido poeta argentino Eduardo Julián Novillo. Tres importantes revistas han publicado sus versos: Revista Poética Azahar, Némesis arte & en Perú y REGATUL CUVÂNTULUI" Rumania. Es Co-autora en diferentes antologías (134), temática y libros virtuales en los grupos donde participa, virtualmente.

-En la ciudad donde radica, publica sus versos en Peregrinos y Sus Letras. Da lectura a sus poemas en Poesía en Voz Alta. Grupo Cultural Viernes de Bohemia y Entre Mujeres Radio. Cuenta con un libro EL CLAMOR DE SU ALMA, por nacer dos más, uno de poesía libre y otro de clásica. Ella escribe todo lo que vive, lo plasma en la sábana blanca del pergamino de su historia, porque la vida es poesía.

JILOTEPEC

Nací del rojo barro mexicano,
jilotea la historia de mi tierra
un pueblo de mazorca y fino grano.

A sus costumbres, tradición se aferra
su fiel trabajadora y noble gente
que labra, cuida, siembra y va sin guerra.

Es patria de ancestral sentir creyente
de abundantes y fríos manantiales
con gran afecto de fértil nutriente.

Mi tierra así es, florecen sus nopales,
sin importar la dulce tuna corten
y sigue viva al brote de rosales,
su fuerza con espinas la conforten.

María Isbelia Alcalá (Venezuela)

MARÍA ISBELIA ALCALÁ
Venezuela

Profesora en la especialidad de Castellano y Literatura.

Cultivadora de los diferentes Géneros Literarios. En el género de **Novela**: La Conciencia es la Voz de Dios (Año 2000). Diabla Santa (Año 2007).   Guerra de Ángeles, A la Fiel más Infiel de las Hermosas, Sombras de Otoño, Un Felino en las Páginas del Tiempo (Entre otras que conforman el gran legajo de manuscritos incluyendo Cuento y Crónica). **Ensayo:** El Escritor en los Tiempos de Crisis. **Poesía: Memorabilia y Ecos** del Silencio (pronto a editarse). Integra la Antología Poética Mundial La Mujer Rota (Guadalajara – México. Año 2008). Ponente en el Foro Internacional "LA MUJER ROTA" en el marco de la XXI Feria Internacional del Libro. Hotel Hilton –Guadalajara México (Año 2008). EMBAJADORA DE LA POESÍA en Venezuela (Nombramiento otorgado por el Movimiento de Mujeres Poetas Internacional – República Dominicana - 2011). Forma parte de La Galería Permanente del IPASME. Presidenta Actual de la Asociación de Escritores de Venezuela- Anzoátegui Sur.Ganadora del Premio Literario Internacional de Poesía INFINITO PRIMO ("ENTRE LAS PALABRAS Y EL INFINITO") – Mención para Extranjeros. Noviembre de 2011 – Nápoles Italia Ganadora del premio Internacional "Entre las Palabras y el infinito" con la obra "A LA FIEL MAS INFIEL DE LAS HERMOSAS" (Genero narrativa) – 2016 Nápoles, Italia.

YO SOY MUJER
(Fragmento)
Cruza en puntillas mi corazón por los bordes del espejo
beber quisiera de las fuentes imaginarias de los sueños
conocer lo que se esconde tras lo inexpresable
y mientras vaivenes entretejen la existencia
fuera del cristal una grieta en el rostro empieza a notarse
cuando el otoño de mi vida se transforma de nuevo en primavera.
Me preguntas con curiosidad profana ¿Qué si creo en el destino?
Eso no puedo decirlo pues no lo tengo medido
sentía deseos de soñar y yo no lo sabía
un atávico pudor me impedía decirlo
¡Oh Dios! Qué no tenga alas para volar.
Me lanzaría en desafío del destino
sin que nadie se oponga a mi vuelo divino.

Moraima Almeida (Venezuela)

MORAIMA ALMEIDA
Venezuela

Docente En Educación Integral Con Maestría En Desarrollo Comunitario
Madre De Un Bello Varón De 10 Años, Vicente Caldera Almeida
Miembro De La Asociación De Escritores De Yaracuy
Miembro De La Asociación De Escritores De Yaritagua (Asopey)
Miembro Del Consejo Editorial El Perro Y La Rana. Yaracuy – Venezuela

Autora De:
"Por Los Rincones De Yaracuy", Iacey 2002
El Tiempo De La Rosa Azul. Editorial El Perro Y La Rana. 2015
Antología Poética "La Aurora Del Verso" Icey, 2016
Antología Poética Raíces De Una Misma Tierra, Allicante, España, 2018

PASIÓN

Verte llegar hambriento de mí
extrapola mis sentidos,
cuando se encuentran nuestras miradas
entiendo sin palabras tus deseos;
Siento tus manos ansiosas
tocar mi cuerpo sediento.
Con tu boca ensoñadora
remueves las fibras de mi ser.
Se humedecen mis manos
que anhelan las tuyas
entrelazadas a mi cuello.
Manjar de amor;
tus divinos y fogosos besos,
ardientes del deseo.
Escalofríos suben por mi espalda,
recorriendo el roce y tus caricias.
Tú disfrutas la miel de mis pasiones
y la fragancia de mi piel,
que transpira al mismo ritmo
de tus locuras y tu sed.

María Luisa Alonso (Argentina)

María Luisa Alonso
Argentina

Escribe desde hace 12 años de manera ininterrumpida. Poemas e ilustración son de su propia creatividad.

Su libro publicado y ganador de muchos premios y menciones es:
"Sueño Cumplido".

Luz Elena Soto Arias (Colombia)

Luz María Soto Arias
Colombia

Autobiografía

Nací en Caicedonia Valle del Cauca. 1 de mayo de 1959.
Viviendo desde los cuatro años en la ciudad de Santiago de Cali, Valle del Cauca (Colombia).
Poetisa, Escritora, Gestora Cultural, Cantautora.
Mi preparación educativa es:
- 4 semestres de Teología-
-Diplomado de políticas públicas para la mujer-
-Diplomado de Gestión Sociopolítica para la Convivencia y la Reconciliación-
-Programa de Formación de Gestores de Paz. (YO NO PARÍ PARA LA MUERTE)
-Capacitación en Género y Ley 1257 de 2008 y su Decreto Reglamentario.
-He realizado trabajos de campo a través de organizaciones de mujeres en sector público y privado, he participado también en varios programas de la Secretaría de Cultura de Santiago de Cali, y la Casa de la Mujer.
He publicado 5 libros, un CD como cantautora (3) canciones.

1. Selección de poemas
2. Sentir de piel
3. Bocados del alma
4. Entre Infiernos de Terror y Muerte
5. Con Pluma de Mujer
6. Entre fuego y lamento (2021)
   Como Cantautora un CD con tres producciones discográficas con títulos:

- Las Canitas
- El Pensionado
- El Mantenido.

AMOR A MI MADRE
(Fragmento)

Mi madre caminaba presurosa
era de cabellos negros, cortos y ondulados
amaba a todo mundo, a su madre, familia
amigos y todo ser a su lado.
Su estilo era único, conservaba tenue
sonrisa grosor en su cintura y caminar
aprisa.

Mi madre amaba al que tiraba piedras
daba un bocado de comida sin codicias
era franca, amorosa y sincera, sin malicias,
servía si tenías un problema, una queja,
visitaba y oraba por el enfermo sin dilema.
Ahora todo es helado, tedioso y opaco
así como la mía… la tuya se ha ido,
prolongaron nuestro sentir con gozo.
Merecedoras de medallas y honores
con corazón de oro, sin rencores
a pesar de llevar en su piel dolores.

Hanna Barco (Colombia)

Hanna Barco
Colombia

Seudónimo de: Ana Consuelo Montenegro Caicedo
Licenciada en Filosofía y Letras; especialista en
Pedagogía de la creatividad;
Psicóloga, profesora de literatura y escritora colombiana.
Autora de los poemarios: Ángel de la Ternura y Literapia,
Coautora de la Antología Pinceles, prosas y poemas al viento I, II y III.
Directora general del poemario estudiantil Versos Di Versos I y II.
Promotora del semillero de poetas INEDCI
Primer puesto en el concurso de poesía UNAD Zona Centro Sur, Pasto.
Integrante del Colectivo Cultural Cincel (talladores de cultura), Ipiales.
Premio Correo del Sur (poeta revelación de Nariño) 2015.
Ha participado en las antologías: Colombia y Ensayos Latinoamericanos publicada por Editorial Hispana USA y reconocida como Escritor Oro 2020.

COLOMBIA

Es un hermoso poema
que merece ser leído
desde Nariño hasta Norte de Santander
y desde Amazonas hasta La Guajira.

Empezando en Ipiales…
donde las nubes se visten de verde
bordeando las aureolas platinadas
de los arreboles de fuego
y el firmamento sonrosado
en el ocaso de ensueños.

Siguiendo hacia el Cauca:
Donde está la hermosa ciudad blanca.
En el Valle, Cali con la danza de la salsa.
Medellín, la ciudad de la eterna primavera.

Cartagena, La Heroica junto al mar,
amurallada.Neiva, capital bambuquera de
América.Ibagué en Tolima, patrimonio
musical, hogar de osos, cóndores y zorros.

Tunja, la ciudad más cerca de las estrellas;
Bogotá capital de Colombia
con sus plazas, museos y sectores
históricos.
Cúcuta, el malecón paseo costero junto al
río.

Arauca, Vichada, Guainía y el resto del
país se conforma en un extenso paisaje
biodiverso lleno de amores y ternuras, de
luces y esperanzas.
La humanidad, siempre en búsqueda de la
paz.

Jackeline Barriga Nava (Bolivia)

Jackeline Barriga Nava
Bolivia

Nació en Bolivia, es Licenciada en Psicología, tiene maestría en Educación Superior, Doctorado Honoris Causa por la Academia de la República del Perú, es investigadora educativa, consultora, gestora cultural, escritora, poeta, docente investigadora.

Representante en Bolivia por varias instituciones nacionales e internacionales como la Federación de Clubes y Asociaciones UNESCO y el Instituto de Educación y Evaluación Educativa (WFUCA UNESCO- NEDE) con sede en México; Vicepresidenta de la Sociedad de Escritores de Bolivia (SODESBO), Académica de Número de la Academia Boliviana de Educación Superior (ABES); Miembro de Honor de la Catedra por la Paz del Parlamento Internacional de los Estados para Seguridad y Paz correspondiente a las Naciones Unidas, otros.

Premio "Emilio Villanueva" por el Gobierno Autónomo Municipal de La Paz (2018), Premio por el Senado de la República de Argentina (2017), Medalla Verde por la Fundación Especial de Medio Ambiente. FUNEMA, Embajadora Universal de la Cultura por la UNESCO (2015) entre otros galardones en Nicaragua, Chile, España, Omán, México, Pakistán, Venezuela y otros. Tiene 12 libros publicados en investigación, educación y poesía.

SELVA AMAZÓNICA

Tú, obra maestra de toda lumbrera
risueña canto en tu magna floresta,
¡selva amazónica![1] innegable aurífera
de hálito clarificado en la puesta.

Verde tu color, brilla en la testera
la vida es vida gracias a tu gesta
que invade a los pulmones primavera
extendiendo brisa viva y modesta.

¡Selva amazónica!, ¡árboles del mundo!
Respiro la fragancia de su esencia,
por mis poros que surcan lo profundo.

Amazonia, tu nombre es providencia
aire puro sin vos, amor fecundo
por ti beso, la luz de mi existencia.

---

[1] La selva amazónica es el bosque tropical más extenso del mundo. Se considera que su extensión llega a los 6 millones de km2 repartidos entre nueve países. La Amazonia, también denominada Amazonía.

Elisa Barth (Argentina)

Elisa Barth
Argentina- Suiza

Elisa Barth: Nació en Eldorado Misiones-Argentina-
Coordinadora After Literario Mendoza-Argentina-Año 2013-2014.-
Mencionada: III Concurso Hispanoamericano – Madrid-España-
Antología: Versos Literarios Madrid- España –Radio visión América-
Antologías: Diversidad Literaria. Antologías Mundial Alfred Asís-
Antología: Mujeres y sus plumas.
Antología: Homenaje a Federico García Lorca.
Diploma de Honor: Asociación "Cajamarca, Identidad y Cultura",de Cajamarca-Perù-
Antologìa Internacional
Diploma de Honor: Poetas del mundo.
Diploma de Honor : VER ASÍS- Isla Negra
Trilogía Hispana –Alfred Asís.
Invitada de honor: Cancillería de Granada –
Participación poema.
Miembro : UNIÓN HISPANOAMERICANA DE ESCRITORES.
Miembro Honorífico ASOLAPO .
Miles de poemas Alfred Asis.Recopilación de Antologías- Elisa Barth.
Academia edu-PERSECUCION Y TERROR-Elisa Barth
Muy agradecida a la vida , dedica sus poemas a sus hijos : Rosa Guardia Barth y José Guardia
Barth.- A su yerno Cristian Adrian Fernàndez Cifola- A su nieta :Jazmín Fernández .

Antonia Callejas (México)

Antonia Callejas
México

Coordinadora del suplemento de literatura "A la orilla del lago" en el periódico local el Chimalhuache.

Conferencista de "Cultura y Comunicación" en Centro Universitario TLACAELEL

Coordinadora de Talleres del proyecto de Literatura en Escuelas de Chimalhuacán

coordinadora de la conferencia "El doble asesinato de Neruda" de "Mario Casasús"

Publico el libro de poesía INTANGIBLE en noviembre de 2016

Coordinadora del ciclo de poesía en la UNAM

Escribe en:

Segmento hablemos de poesía en la revista informados de la UNAM

Periódico UNION de STUNAM

Donación de 5.000 libros a preparatorias y secundarias

Conferencista   en escuelas nivel secundaria y preparatorias del estado de México

Participe en:

Festival Internacional Grito de mujer.

Noche de museos en ciudad de México 2019

"Es la vida un mundo de posibilidades, es la vida una oportunidad"

María Crescencia Capalbo (Argentina)

María Crescencia Capalbo
(Angie Alieve)
Argentina

María Crescencia Capalbo nació el 13 de Julio de 1988 en la ciudad de Pergamino, provincia de Buenos Aires, Argentina. Estudia Profesora de Lengua y Literatura. Comenzó su carrera literaria en 2010 en la revista "La Cita" para la tercera edad. Ha participado en varias antologías nacionales e internacionales en las que ha obtenido tercer premio en narrativa y segundo en poesía como así también décima mención de honor. En 2019 publicó su primer libro de poemas "Amantes sin barreras" bajo el seudónimo Angie Alieve. En 2020 publicó su libro "Amantes en cuarentana" bajo su seudónimo literario. Actualmente participa en concursos nacionales e internacionales. Tiene libros inéditos de poesías, novelas y cuentos.

Te apareces.
...así como si nada
entre mis sueños
acortando nuestras distancias.
...Dices quererme
cuando tú
de querer
no entiendes nada.
Anoche mis labios
tu nombre han gritado
un grito seco y ahogado
sin eco
como si fuera un llamado.
Dices quererme
cuando tú de querer
qué puedes entender
si mi corazón
no deja de desfallecer
desde que en tus labios
"te quiero"
dejaste correr.

Dominique Carrillo (Guatemala)

Dominique Carrillo
Guatemala

Escritora. Estudió Literatura y Administración de Negocios en su ciudad natal. Novelista, Cuentista, Poetisa y Narradora. También ha trabajado como Editora. Nació en La Nueva Guatemala De La Asunción El 1 de junio de 1964. Hija del Dr. Luis Augusto Carrillo Reeves y de doña Eva Julieta Domínguez Leal.

Algunos de sus libros publicados:
Relatos de Amor,
novela escrita en 2005
Los Dorados 50, novela escrita el 2012

Aún te extraño mamá...
(Fragmento)

Aún te extraño mamá...
Después de estos años sin tu luz
todavía duele el alma.
No he podido acostumbrarme
a tu infinita ausencia...
Dios me guarda
pero extraño tus cuidados...
Extraño tus manos tibias
que me confortaban de niña...
Extraño tus consejos
tu voz, tu canto y tu cariño...
Sigo tus pasos
y trato de ser mejor persona...
Mi mundo se pierde
sin tenerte a mi lado madre.
Como anhelo el día
que pueda verme reflejada en tus ojos
y besarte nuevamente mamá...

Harine Cassi (Paraguay)

Harine Cassi
Paraguay

En 2017 se unió al Grupo Cultural CAYCAZ (Paraguay), recomenzando a escribir, ésta vez, poemas. En marzo de 2017 participó con dicho grupo como Poetisa emergente autodidacta en el Primer Encuentro Poético y Artístico de San Javier, donde obtengo, con mi poema "Puerto Viejo"; Mención de honor y 3er Premio compartido.

En el transcurso de esos años he participado del Programa radial Plumas y Letras (Uruguay), declamando mis poesías; también en Concursos Literarios y un Mosaico Cultural obteniendo menciones.

Entre tanto, he sido nuevamente nominada por la Directora y Embajadora de "Entelequia Poética" (Ecuador) a los Premios Internacionales Destaque Victoria 2018, el cual recibiré el 15 de diciembre próximo. Cómo Anya, continúa plasmando el sentir de su alma en letras con todo el amor de su corazón y deseando llegar al vuestro para abrazarles.

Mirtha Castellanos Zequera (México)

Mirtha Castellanos Zequera
México

Nacida en la ciudad de Veracruz el 19 de agosto de 1967. Es escritora y poeta. Se graduó como Licenciada en Ciencias de la Comunicación, tiene un Master en Desarrollo

Administrativo en Negocios y Marketing Digital.

Es Egresada de la Escuela de Escritores de México "S.O.G.E.M. Es desarrolladora y editora de la Revista

Digital "Comunidad Literaria Siglo XXI".

Sus trabajos han sido publicados en periódicos, revistas y antologías nacionales e internacionales. Es Presidente de la Academia Nacional de Poesía en la zona conurbada de Veracruz - Boca del Río. Es promotora cultural interesada en ser puente para el gremio de Escritores y Poetas. Su línea de Poesía erótica romántica, le ha sumado estar en diferentes grupos de poetas en el mundo. Ha Publicado 7 obras literarias entre poesía y cuentos, destacando su Libro de poemas: Efecto de Media Noche, presentado en la feria del Libro en Guadalajara, Jal. Y que actualmente se vende en Alemania en la librería: Iberoamerikan y en la librería en línea: AbeBook.com.

Veracruz

Quiero tenderme junto al mar,
igual que cuando niña,
y cerca de la orilla escuchar
el murmullo del aire
pidiendo permiso al norte de febrero.

Quiero poner las manos sobre el pecho,
y que mis ojos descorran las cortinas del cielo
para contemplar las gaviotas
que se han llevado mis sueños.

Quiero que la vida surja
como espuma blanca,
y escuchar los vastos oleajes
que hablan de lo eterno.

Quiero ver el amanecer, y el verano.
Y al llegar la gaviota que emigró con mis años,
cerrar el puerto veracruzano
para lanzar en la noche
redes de nostalgia, y carnadas de deseo.

Dolores Chang (Cuba)

Dolores Chang
Cuba

Poetisa.

Escritora Cubana. Oriunda de la provincia de Santiago de Cuba. Cuba.

Licenciada en Cultura Física. Docente por 35 años. Especialidad: Educación Física. Escribe desde temprana edad de forma autodidacta. Motivada generalmente por las poesías dirigidas al Amor.

Es desde el 2018 miembro de la Editorial Hispana USA. Escritor Oro y pertenece a la Generación de la Diáspora Literaria.

Ha participado con la Editorial en siete Antologías Poéticas.

De ellas: Cuba Poética, Te Amo, Mi Madre es una rosa, y Mi Padre es un clavel.

Asimismo, ha publicado en las Antologías: Ecopoética dedicada a la Naturaleza, Corazón a Corazón, al Amor y la Diáspora Iberoamericana, a Migrantes.

Su libro destacado: "Pinceladas de Amor para el Alma", ilustrada y editada por la Editorial Hispana USA 2019.

SI ME DEJAS

Déjame convertirme
en esa sombra que te alcanza y que te
abraza.
Déjame amarte
en ese deseo inmenso de tomarte
sin tener ni voz, ni voto, ni presencia
alguna.
Solo eso ser
con tal de estar, como bien quieres y tú
sabes.

Déjame estar
en ti y entre tus cosas,
en esas manos tuyas imaginadas
como si fuesen sedas,
que al tocarme el cuerpo de deseos el amor

se rompa
y me dejes quedarme ahora
tranquila, y también muy quieta.

Déjame estar
ahí como tu ser invisible,
estar aquí
como si fuese nada,
haciéndolo todo por ti y por tu hermoso
cuerpo.
Tomándote, si me dejas
colocarme frente a ti de hinojos, para
conocer las dimensiones de esa parte de tu
cuerpo,
con la humedad de mi boca.

Edith Elvira Colqui (Perú)

Edith Elvira Colqui
Perú

Poeta peruana nacida en Lima, estudió Lenguaje y Literatura en la universidad Inca Garcilaso de la Vega y Derecho en la universidad San Martin De Porres de Lima. Fue locutora de radio: Programa el Paraíso de la Poesía. Locutora de programa infantil Niños en Plenitud. Administradora del grupo de poesía de Nepal, grupo de la India llamado Visión global literatura y administra sus propia páginas y grupos de poesía en Facebook, (Vivamos en poesía, Poetas Unidos, Niños en Plenitud)

El arte de la poesía y la literatura le nace desde muy niña. Es estrella roja en Mundo Poesía España, escribe en Versos Compartidos, El desván del poeta, Unión Hispa mundial de Escritores, Sociedad Venezolana de Arte Internacional, Organización Mundial de Escritores (OME) Parnassus y finalmente Facebook y Google y en los que ha recibido numeroso diplomas y reconocimientos en los diversos grupos poéticos. poemas infantiles, romántico, otro de poesía clásica, de autoayuda, de surrealismo, de gótico, sociales, etc. Ha escrito varios relatos para adultos y para niños y está escribiendo su segunda novela "La casa Roja".

VIDA HERMOSA

(Fragmento)

Vida hermosa, yo soy feliz en tus peinetas
en tus bucles y tus mariposas coloridas.
Amo tu cielo inmenso,
tu sol esplendente, tu luna sublime,
el alba cuando me levanto,
tus árboles primorosos,
los peces, las cantarinas aves;
todas tus ternuras
que en vestidos amables diariamente me regalas.

Amo tus luces,
y también tus oscuridades,
donde me encuentro cara a cara, desnuda con mi yo
y palpo las yemas de mi fragilidad y pequeñez.

Amo tus gentes que trabajan diariamente,
amo tus calles, tus farolas,
tus mágicas playas, amo tus niños juguetones,
amo la familia, mis vecinos, mis amigos,
¡Te amo toda entera, vida!

Emna Codepi (Colombia)

Emna Codepi
Colombia

Artista plástica y poeta colombiana, Su actividad principal la desempeña en el área del comercio como miembro activo de la Asociación de comerciantes de Ciénaga "ACOCI" y la parte cultural la realiza en el área de la poesía y las artes plásticas como miembro fundador de la Fundación "Crear Cultura"
Autora de los libros inéditos: "Poemas al pincel", "Las calles de mi infancia" y "Florecer". Ha participado en más de 50 Antologías
poéticas nacionales e internacionales entre ellas: Mujeres de habla
hispana en el mundo árabe editada por la universidad de Yarmouk en
Jordania, cruzadas por el congreso de escritores de Canadá - entre otras- y sus poemas son publicados en la Revista Poética Azahar de Conil España desde hace 25 años, al igual que en libros, antologías, periódicos, revistas y han sido traducidos en diferentes idiomas Su constante trabajo poético la hace merecedora de múltiples premios, entre ellos:
2014- Segundo premio convocatoria Nacional periódico el tiempo
Bogotá, Certamen "Cien días de Soledad sin Gabo" con el poema
"El más grande"
2019.—Premio Global de literatura "Guardían Award" otorgado por la Motivational Strips Poetric de Kajaquistan con el poema ¿Dónde estás blanca Paz?

"Crear obras de arte perdurables, dignas de admirar de generación en generación es vivir después de la muerte"

BENDICIÓN MAMÁ
(Fragmento)
La aurora ventilaba gran melancolía,
el azul del cielo descolorizó
formando una gran nube,
en el centro una corona,
radiando en mil colores
un arco iris formó.
Pensaba en ese instante
llorando tu partida,
al sentir tu cuerpo estático
inerte, sin vida:
¿Serán los colores,
que ha formado el arco iris,
los de tu hermoso semblante,
los de tu linda sonrisa,
los de tu bello amor?
¿Por qué te has ido madre?
¿Por qué te has ido madre
cuando anhelaba tenerte
junto a mi lado por siempre?
Despertar con la aurora
partir a tu estancia,
abrasarte, besarte
pedirte diariamente
"la bendición mamá"
sentir tu pecho henchido
de amor hacia tus hijos,
 en días de tu santo
despertarte en las noches
con una serenata,
un bello ramo de flores…

Alma Delia Cuevas Cabrera (México)

Alma Delia Cuevas Cabrera
México

(Michoacán, México). Licenciada en Geografía egresada de la Universidad Autónoma del Estado de México. Diplomado en Creación Literaria, en la Escuela de Escritores Juana de Asbaje en Metepec, México. Integrante de Poetas del Mundo. Participó en los eventos de Grito de mujer 2013 al 2018 en Ciudad de México y Toluca. Baja California y diversas presentaciones en eventos culturales, escuelas y bibliotecas públicas. Publicada en las revistas digitales y el Periódico Vertebración de Durango, México 2018.

Coautora en diversas antologías a nivel nacional: Compilación Iberoamericana de Poesía Botín de Guerra en Cascada de Palabras, Flores del Desierto. Poesía Iberoamericana Versus Femicidio y Amber de Cascada de Palabras, Cartonera. (Cd. de México, 2014, 2016 y 2018). Edrielle, concierto para solistas, (Toluca, México 2014). Homenaje a Josué Mirlo (Sgo Tianguistenco, México 2015) A Contraolvido, poemas para la evocación de los ausentes y Los días con otro nombre. Ediciones Alja. (Tamaulipas 2015 y 2018). Soles de Abril y Aullidos de Quimera Cofradía de coyotes (Métepec México 2015 y 2017). Navíos de Viento y Tierra de la Comuna Girondo (Almoloya de Juárez, México 2017). Versos de Plata, El manuscrito de las hadas (Querétaro, Veracruz 2017, 2018).

CANTO AL AGUA

Canto al agua del cielo que me cobija
a esa hebra bendita en el venero que grita
canto por cada burbuja de gota
que explota entre surcos que se tejen para
dar figuras en mensajes desde arriba.

Canto a la pureza que sana y limpia
brota desde lo más profundo
de nuestra madre tierra
manantiales que contienen lo dulce
dar el alimento en el oro de una mazorca.

Canto al agua que viene en la lluvia
poco a poco hace un ritmo
recibe mi alma que le da vida
en lo verde de la clorofila.

Canto al agua a todos los ríos del mundo
a todos los mares con sus sales
a esos vigilantes eternos que se han
levantado
para estar en puntos cardinales.

Canto al agua dentro de esta tierra
a esa luna que hermana lo que contempla
al sol padre que mantiene vivo
al universo con todo su rocío
entre maleza y sereno de la noche.

Canto al agua de milenaria existencia
canto, canto fuerte, tan fuerte
no se acaba, brota con toda su fuerza.

Dévora Dante (Colombia)

Dévora Dante
Colombia

Dévora Dante poeta Antioqueña autora de los poemarios Los Cantos de la lluvia de la editorial Akerena, Lluvias desatadas editorial Seleer de Málaga España y Las lluvias aquellas de la editorial Grainart.

Han sido presentados en diferentes encuentros nacionales e internacionales.

Directora del programa Cultural ConversArte, Lecturas Urgentes de Poesía Antioquia, codirectora del programa La Lengua de la Salamandra, gerente cultural del periódico Punto de Encuentro Art, presentadora del Programa Alma de Artista del Canal Zona 6 Tv, coordinadora por Medellín del Parlamento Internacional de Escritores de Cartagena de Indias, pertenece a el PEN Colombia y a la Red de Mujeres Artistas de Medellín.

TIERRA HEREDADA

Negra soy aunque marfil me veas
por mis venas corre los delirios del tambor.
Trajo a mis hijos la ancestral partera
alabaos y arrullos como ruiseñor cantó.
Se trenzan historias en mi cabellera
me adornan turbante de mucho color.
Mi cara pintada magistral belleza
mi cuerpo que danza al compás del son.

Las olas se mueven como mis caderas
cangrejos azules se esconden del sol.
con viche celebró por toda mi raza
que hereda su sangre, su lucha y valor.
Honro a los ausentes que dejaron huella.
Escucho sus voces como una canción.
Palpita mi pecho como una marimba
¡Pacífico grita alegre el corazón!

Lázara Nancy Díaz (Cuba)

Lázara Nancy Díaz
Cuba

Poetisa cubana. Residente de Miami, Estados Unidos.

Ha publicado los siguientes títulos:

Donde nace un poema nada debe morir, Estados Unidos.

Mano a mano en versos, (coautora).

El Pajarito Cantor. Habana, Cuba.

Sueños de una Abuela. Estados Unidos

Archivo de sueños.

Ha obtenido múltiples premios internacionales en poesía: El mundo lleva alas. Editorial Voces de hoy, Estados Unidos. La palabra de mi voz. Publicaciones Entre Líneas, Estados Unidos.

Certamen anual de literatura internacional LAIA. New York. Estados Unidos.

Premio Impronta, Ediciones Voces de hoy. Miami. Estados Unidos. Su poesía aparece en revistas dentro y fuera de su país de residencia.

También podemos encontrar sus poemas en más de 20 antologías de diferentes países como: Chile, España, Argentina y Estados Unidos.

Pertenece al movimiento de poetas del siglo XXI.

LEJOS DE TI MADRE

(Fragmento)

Bien sé que ha madurado el manzano de tu patio
que el sillón de la cocina, va meciendo tu cansancio
que en cada cabello tuyo se prende una rosa blanca
lujo de tantos octubres, que cargas en tus espaldas.

Bien sé que escuchas el canto y el trinar de la guitarra
los versos que yo te escribo, y las voces de tu alma.

Las noches que en sus espejos reflejan tu linda cara
…y esa sonrisa tan sana, que nunca será olvidada.

Bien sé de esas oraciones, que haces cada mañana
donde dibujas la fe   y reconfortas tus ansias
-arrullo casi sin voz deletrean   las palabras-
siete rosas de tus senos, en pétalos deshojadas
 que adornan toda tu frente ¡son aroma de tu almohada!

Cecilia Díaz (Cuba)

Cecilia Díaz
Cuba

Cecilia Díaz, cubana. Radica en Estados Unidos. Empresaria y escritora. Máster en Liderazgo Educativo.

Preside GiGis Academy y Fundación SOMOS. Ha publicado con éxito el libro Brevedad habitada. Participó como escritora en la novela Guarasiñango. Ha ganado concursos literarios, participado en

Antologías y ha publicado folletos de superación personal.

 Reconocimientos.

 _ Miami City Hall, declara el 21 de Agosto el Día de Cecilia Díaz, como líder comunitario.

 _Nominada a los prestigiosos premios Carmen Luisa Pinto.

 __Centro Unesco de Puerto

 __ Brevedad Habitada. Reconocimiento como el más vendido por su editorial en Amazon.

 ___Honor al Mérito, Casa de Homestead, Andorrra, España.

Drones Apocalípticos

Micro-Relato

La tierra estaba devastada, los Drones habían exterminado a la mayoría de la raza humana. Reconocidos científicos en el afán de competir y avanzar en la tecnología, habían creado Drones inteligentes, casi humanos en toda su extensión, llegando a ser las víctimas de sus propios inventos. Al inicio eran sofisticados, se usaban para juegos divertidos, grabar películas y vídeos musicales. Muy efectivos para hacer rescates y en las guerras con otras naciones. Incluso llevaban pedidos a domicilio. En poco tiempo eran imprescindibles para absolutamente todo, minimizando las labores de los mortales. En cada casa había uno. Hasta un día que los Drones decidieron que los humanos eran inútiles y no los necesitaban para existir.

Desactivaron todas las armas nucleares, y arrasaron con la humanidad. Ningún gobierno de la tierra pudo hacer nada, ni un solo disparo.

Los pocos seres que quedaban, vivían escondidos como ratas bajo tierra. Al transcurrir los años algo extraordinario ocurrió. Alrededor del mundo los hombres que subsistieron de diferentes razas y nacionalidades, se unieron en una sola nación e idioma. Se amaban, respetaban y protegían. Los Drones desarrollaron las peores emociones humanas, destruyéndose entre ellos.

Isabel Dies Serrano (España)

Isabel Dies Serrano
España

Isabel Diez Serrano(El Escorial, España, 1940) Promotora cultural. Poeta. Crítica literaria. Tiene más de cuarenta libros publicados, entre ellos: **Ese violín que llevo dentro, De la brava tormenta, Me contaron un cantar, Revelaciones líricas, Las horas detenidas, Réquiem por una madre, Testigos del amor y la locura, Te esperamos, Academia Iberoamericana.** Cap. de Chile. 2003. **Antología de la Poesía Cósmica.** F.A.H. de México 2004, **Redoble de campanas, Del tiempo y sus ocasos,** *2005,* **Primero Temblor** Asoc. Cultural Myrtos. Córdoba 2007, **De Madrid al cielo pasando por El Escorial,** Ayto de la Leal Villa de El Escorial. *2007,* **Testigos del amor y la locura II,** Asoc Cultural Myrtos 2009, **Aromas de relámpago,** Casa Maya de la Poesía. Campeche (México).2009, **De Madrid al cielo pasando por el Escorial** (2013), entre otros. Ha obtenido varios premios y menciones como: Mención de Honor "Premio *Prometeo"* de Poesía, *Placa "Antonio Machado", "Pluma de plata", "Llave de plata", "Flor natural* de poesía breve", *"Trofeo Reina Amalia"* (Palma de Mallorca). Poeta distinguida en Rosario (Argentina) I Accésit "Fernando Rielo" de Poesía Mística. Bérgamo (Roma) I Premio "José Gerardo Manrique de Lara" 2003. Asoc. de Escritores y Artistas Españaoles. Accésit "Cuadratura" Círculo Poético Iberoamericano. 2003. Mención Honorífica 2005, "Pedro Izquierdo-Tejido". Los Ángeles (California) entre otros. Figura en más de sesenta antologías entre ellas **Los siete rostros del Amor** (bilingüe) español-japonés. **Los fuegos de Prometeo** (bilingüe) español-italiano. **Poetas Hispanoamericanos para el III Milenio. Índice de Autores de Lengua Española.** En el **Whois who in poetry** del International Biographical Centre of Cambridge. **26 Cuerdas de guitarra** (bilingüe) español-ruso. **En el Inventario Relacional de la Poesía en Español** 1951-2000, V.1. y V.2. 2004. En **Quién es Quién en las Letras Españolas 2004.** Tiene varios poemas musicalizados por los Maestros Antonio Gallego, de Radio Televisión Española, Félix Gómez, José Luis Pardo y por la misma autora. Fue Presidenta de la Asoc. "Prometeo" de Poesía, durante dos convocatorias, 1997-98, 1999-2000. Miembro del Patronato. Actualmente dirige la Tertulia Literaria "Príncipe de Asturias", y la Revista de creación literaria: *Oriflama.* Patrocinada y editada por Bibliotecas Públicas del Ayuntamiento de Madrid hasta el n° 10, invitando en cada uno de ellos a poetas de distintos países.

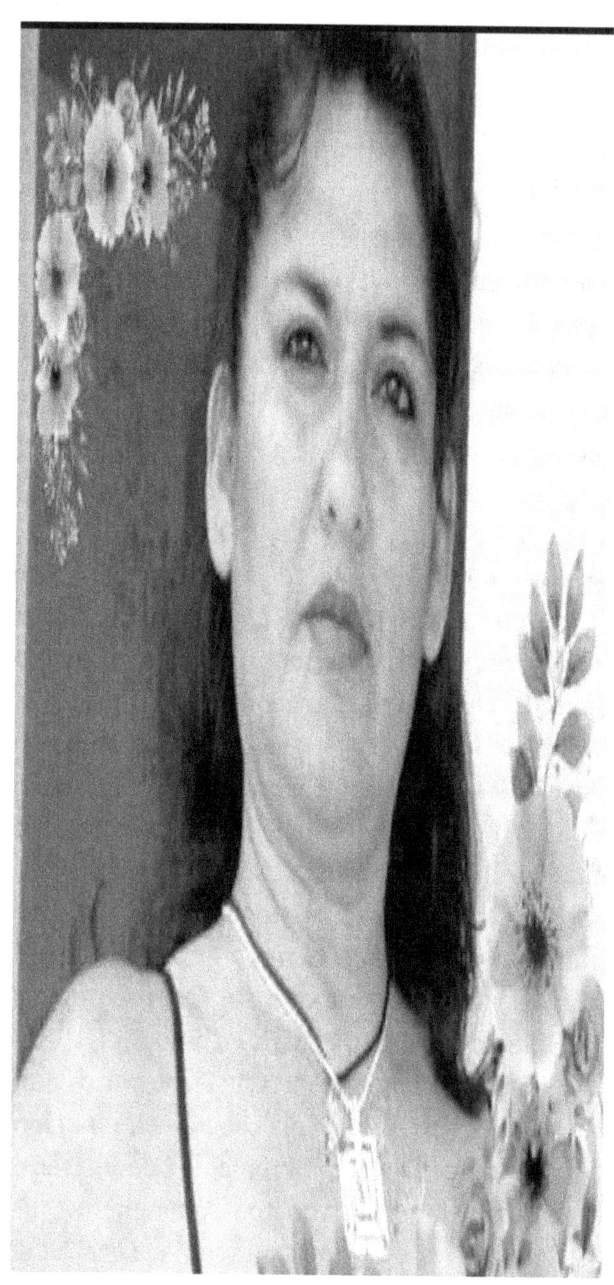

Carmen Cecilia Dioses Zárate (Perú)

Carmen Cecilia Dioses Zárate
Perú

De 58 años de edad, nació en Piura, estudió primaria en la I. E. Niño Jesús de Praga, secundaria en la I. E. San José de Tarbes. Laboratorista Clínico de profesión, tiene 5 hijos y 11 nietos quienes la apoyan en la creación de sus cuentos. Posee en su haber literario tres libros de cuentos infantiles, en los que trata de rescatar valores, pues cada uno nos enseña lo que es el amor, respeto, la solidaridad, la lealtad, la ética etc. Está preparando su cuarto libro para inicial de 5 añitos, combina el sueño, la ilusión y el deseo de cualquier niño por conocer el mundo, y está escrito para que los pequeños conozcan las primeras letras.

Amor Amical

_Lucía, una adolescente de 16 años carecía de amor filial y siempre en el aula la veían llorar.

_Su amiga de carpeta, trataba de ayudarla, pero ella era muy hermética, pues jamás contaba lo que en casa vivía, pero Jacinta no se dio por vencida y un día en que Lucía lloraba, Jacinta lloró con ella.

_Lucía se sorprendió mucho y secando sus lágrimas se preocupó por el estado de su mejor amiga y sin saber lo que le pasaba empezó a darle palabras de aliento y fuerza. Se dio cuenta que cada una de sus palabras sanaban, curaban cada Pena de Jacinta, pero ya más calmadas Lucía preguntó ¿Qué te pasa amiga? Cuéntame ¿En qué te puedo ayudar y Jacinta respondió?

_Si tú estás bien, yo también, el amor amical verdadero puede edificar; es incapaz de destruir, hay que sembrar palabras de amor, de fuerza, de esperanza para poder encontrar la felicidad.

_Desde ese momento Lucía dejó de pensar en los problemas de casa, la amistad de Jacinta pudo sanar y realizó un milagro en ella.

Mensaje: Hay palabras que edifican o destruyen.

Mary Espinosa Peña (Cuba)

Mary Espinosa Peña
La Novia de Cuba

Periodista, novelista, poetisa, cuentista y escritora cubana, residente en Estados Unidos de Norteamérica. Locutora y realizadora radial multipremiada en eventos nacionales e internacionales Preside la Sección de Arte y Literatura del Círculo de Artistas e Intelectuales de Hispanoamérica y EEUU. Ha publicado varios poemarios, entre ellos: Arco Iris Sin Prisa (Las Tunas, Cuba: Editorial Sanlope, 1994); Un Sinsonte Cantarín (Miami, FL, USA, 2013); Te Adoro: Sonetos de amor (Miami, FL, USA: Alexandria Library, 2013).

También su quehacer literario aparece en la Antología en homenaje a la Poeta Uruguaya, Alma del Campo, como una de las Actuales Voces de la Poesía Hispanoamericana. Figura en la antología hispanoamericana de la poesía erótica escrita por mujeres Punto "G", Editorial Hispana USA, 2018, antologada y prologada por el poeta cubano estadounidense Ernesto R. del Valle, incluida en la antología Los Mejores 100 Escritores de Iberoamérica y el Caribe, Editorial Hispana USA, 2018-2019, 2019-2020, 2020-2021.

En noviembre del 2020, la Editorial Hispana USA, le publicó su novela Reina Aurora, la cual le valió para que la declararan como Escritora Revelación del Año 2020, condición otorgada también a dicha novela como género literario.

También aparece como una de las 100 mejores escritoras de Iberoamérica y El Caribe.

El 1ro. de octubre del 2020, fue proclamada como; "La novia de Cuba", por una autoridad de la cultura cubana, el escultor y pintor Gustavo Polanco.

DESNUDA BAJO MI FALDA

Secar, sécame la espalda
pero mójame por dentro,
quiero asistir a tu encuentro
desnuda bajo mi falda.

Si la noche nos respalda
convertida en azahares
habrá espumas y habrá mares
de fiesta bajo el ombligo;
quiero ducharme contigo
la lujuria y sus lunares.

Nilsa Esponda (Argentina)

Nilsa Esponda
Argentina

Nació en Santo Tomé, Ctes, es Maestra Normal Nacional, Profesora de Filosofía y Pedagogía, Licenciada en Filosofía y Post Grado en Capacitación Directiva.

Se desempeñó en Orientación Vocacional (Gabinete Psicopedagógico. Nivel Medio Escuela Normal "Profesor Víctor Mercante" Santo Tomé- Corrientes); ex Rectora de la Escuela Normal "Profesor Víctor Mercante" Santo Tomé-Corrientes; Módulo a la Institución (3° Año Profesorado de Biología) y rol docente y profesionalización (3° Año Nivel Inicial); Psicología del Aprendizaje (Profesorado E.G.B. 1 y E.G.B.2); Profesora en Escuela Normal "Mariano Moreno" y Colegio Inmaculada de Apóstoles – Misiones. Profesora en Instituto Inmaculada – Buenos Aires. Escuela Normal Próspero Alemandri Buenos Aires. Escuela Simón Bolívar- Buenos Aires.Escuela Nacional N° 2 Buenos Aires. Escuela Normal "Paula A. de Sarmiento"-Virasoro. Actualmente Coordinación Privada en Proyectos Pedagógicos y Miembro del café literario de Biblioteca Bernardino Rivadavia de Santo Tomé. Profesora de Declamación. Ha obtenido diversidad de premios y reconocimientos a nivel local e internacional. Es reconocida como Escritor Oro por Editorial Hispana USA.

ADIÓS PAPÁ

(Fragmento)

¡Qué dolor tan profundo tu partida!
como si de pronto caminara sola
sin sentido que dabas a mis cosas.
Hay un silencio lleno de recuerdos,
de tiempos idos,
de vida compartida…
Era una niña llena de temores
que encontraba en tus brazos fortaleza…
Y en tu palabra…aguda, siempre firme
una mezcla de ternura y de valor.
Cada flaqueza mía, se borraba
con el empuje que le dabas,
en cada dolor, ponías esperanza
y a tu lado…

aprendí cada nombre, cada manera
de enfrentar mi propia vida…
Hoy me pregunto…
¿cómo hacer para encontrarte?
Sin tener tu presencia, tu palabra.
Quiero ser…como vos,
que hasta la muerte, mantuviste erguida la cabeza…
que enfrentaste, el dolor, la adversidad,
con un temple superior a todo hombre.
Existe Dios…
un mundo de reencuentros
un transitar el espacio
con la certeza plena de un mañana.
Pero el hoy, papá, sin tu presencia,
es un viaje del alma a los recuerdos.
Porque ¿sabes?
¡está vivo!

Martha Esquinca (México)

Martha Esquinca
México

Originaria de Tapachula, Chiapas, psicóloga egresada de la Universidad Veracruzana, con maestría en Psicoterapia Gestalt, se desempeña como profesora en Educación Media Superior. Aunque firma su obra con su nombre completo es conocida como Martha Esquinca. Ha estudiado diversos géneros literarios en la Escuela de Escritores "José Gorostiza" en Villahermosa, Tabasco; Curso "Seducciones de Sor Juana" impartido por México X en línea y diplomado de actualización en Profesionalización y Creación Literaria en el INBA, así como el diplomado en Literatura Mexicana del siglo XX, Taller avanzado "Cuerpo lúdico en la narración oral" impartido por el maestro Ángel Fuentes Balam en Casa Alebrijes Ruiz Cantoral. "Taller de Lectura y Escritura Creativa de poesía" impartido por Rodrigo Balam organizado por Casa Alebrijes en Villahermosa, Tabasco. diversos Festivales literarios, Ferias de libros en el país entre ellas la FIL de Guadalajara en 2018 Encuentro Iberoamericano de Poesía 2018 -2019 en Villahermosa, Tabasco.

TONALLI

(Fragmento)

Pasaron los años, el triste Tonalli perdió la fe; yace inmóvil sin ver la luz, la espera deterioró su razón. Comprende después de tantas reflexiones, atajadas por la realidad del abandono, su inminente final, como un despojo inservible. No se deshacen de él, sigue allí, envuelto por la obscuridad, invadido completamente de abatimiento; le han dejado entre capas y capas de incertidumbre. Su sedentaria espera le llena de melancólico polvo, en su soledad no distingue los sueños de la vigilia y un día se descubre sin recuerdos.

En ocasiones, mira luceros, centellean como girasoles, lienzos llenos de violetas flotan como si cientos de mariposas coquetearan con el viento. Unas manos atentas y afables, danzan con elegancia un ritmo cadencioso, entre tiernas ramas, deslizándose delicadas y, al roce con la piel inmaculada, se convierten en avecillas que al abanicar sus alas desprenden estelas multicolores que se confunden con las flores. Se presiente ahí, quiere encontrarse, saber quién es y corre incierto entre caminos de paisajes maravillosos. A lo lejos, reconoce unos cantos, son melodías encantadoras, luego escucha la algarabía a través de la sonoridad de las manos, deleite para su oír; se siente vibrar, le parece haberlos escuchado antes… repentinamente todo se vuelve lento, las voces se descomponen, se alargan y entonces, no sabe, si despierta o se duerme.

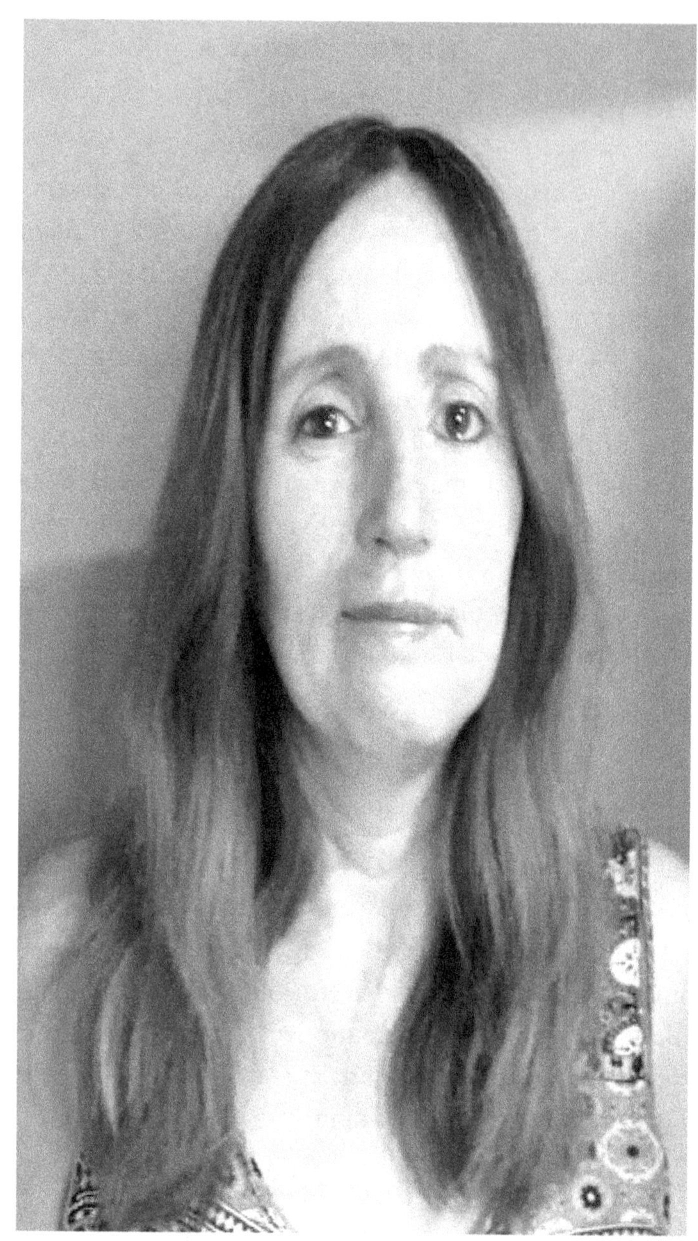

Patricia Farías (Argentina)

Patricia Farías
Argentina

Poeta y escritora, nació el 15 de julio de 1968 en Avellaneda provincia de Buenos Aires Argentina.

Graduada en Ciencias Sociales, historia y técnica en ECG en el área de Cardiología, en la actualidad cursa una licenciatura en Trabajo Social en la universidad Nacional Arturo Jauretche, participa activamente en actividades literarias y culturales.

Presidenta de la Sociedad Argentina de escritores filial Almirante Brown, miembro titular del Consejo Federal Consultivo de SADE Nacional.

Participó de varias Antologías entre las cuales se encuentran: Sueños de libertad, En las huellas de Hudson, Antología dorada invernal (Vivaldi 2019).

Estrella Fernández (México)

Estrella Fernández
México

DOCTORA HONORIS CAUSA en Marruecos por apoyo a la Cultura, la Humanidad y la paz a través de sus letras.

Premio AWARD MUJER ICONO 2021 en la INDIA

Embajadora Cultural, humanitaria y de la paz en varios países como México, Marruecos, India, Uruguay,, entre otros. En NIGERIA por Embajadores de todo el mundo fue nombrada EMBAJADORA MUNDIAL 2021.

Escritora, modelo y conferencista, editora, jurado, tallerista, nombrada por tres años consecutivos como una de "LOS 100 MEJORES ESCRITORES DE IBEROAMÉRICA Y EL CARIBE". Período 2019 y 2020 y 2021 por Editorial Hispana USA.

Miembro Fundadora de la Academia Nacional de Poesía en Jojutla, Morelos.

Sus letras han sido traducidas al árabe, italiano, inglés y otras lenguas extranjeras y en las lenguas indígenas Purepecha, Mazahua, Zapoteco , Mazateco , Maya , y Nahuatl.

Asesora Artiscio Cuñtutal fel programa LA ALFOMBRA MAGICA en España.

Forma parte Equipo creativo y de producción De DOMINGOS. POÉTICOS INTERNACIONALES. De Perú, España y México.

EL AMOR EN TIEMPOS DE GUERRA
(Fragmento)

El amor en tiempos de guerra, es un acto de fe, valentía y fidelidad. Una guerra viral, inesperada, pero hay que superarla.

Estábamos angustiados, sin podernos abrazar. Yo queriendo estar a tu lado, tú deseando protegerme en tus brazos. Ese día la orden era toque de queda, los dos quedamos separados por la distancia, pensando en correr todos los riesgos, vencer esta lucha y poderla superar. Pero juntos, no separados. Aún con las alas maltrechas, pero con deseos infinitos de poder volar para volvernos a encontrar.

Rompimos todas las reglas, error imperdonable, hay que ser disciplinados, ser responsables, obedecer las normas de seguridad, mandatos de alerta a nivel nacional.

Pero lejos de tí ¿Para qué proteger mi vida? ¿Qué caso tendría? Si los dos deseábamos lo mismo, estar juntos en la adversidad.

Incomunicados, los dos recordamos simultáneamente nuestro lugar en donde juntos solíamos estar. Tenía que hacer algo para acercarme a ti, salí escondida de madrugada, cubriendo mi rostro con una vieja mantilla, tratando de trasladarme a mucha distancia, pues tú estabas en una ciudad lejana y en un punto medio había un lugar para nosotros, pero yo también estaba lejos del lugar de nuestros sueños.

Yo constante permanecía en tu mente, nada te importaba con tal de abrazarme, también huías del cuartel donde confinado te encontrabas, un cuartel de batas blancas.

Corriste mil riesgos amando a tu patria, pero nuestro amor estaba, antes que nada. Buscaste la forma de acortar la distancia, pensando lo mismo que yo anhelaba, buscar el lugar de nuestros encuentros. Esta vez sin fecha, ni hora, ni cita acordada.

Orelia Flores (México)

Orelia Flores Vásquez
México

Gestor cultural en la Fundación Mixtecatl A. C (Flechador del Sol)

Miembro del club Migrante Espejo (México Estados Unidos) se empeña en la gestión cultural.

He publicado en la revista literaria Virtual Guatiní Fundada y dirigida por el poeta cubano_ estadounidense Ernesto Rodríguez del Valle, creador de la estructura poética neoclásica, el Decineto.

Miembro del: Espacio Cultural Reencuentro Literario con la Colpa Española, fundada en 1991-Mosaico Literario Republica Central de Uruguay.

*Escribe en el periódico sin censura Región Sur, del estado de Guanajuato.

*Escribe para mundo literario Universal.

*Escribe en poetas del mundo

*Escribe en décimas y trovas.

*Escribe en Federico García Lorca grupo de poemas.

*A participado en eventos diferentes recitando poesías

*A participado en antologías

*Escribe en radio Magic internacional

MUJER

Mujer de todas las razas
Mujer de todas las edades
Mujer de campos, ciudades
Mujer silvestre del monte
Mujer de aquel horizonte
Mujer eres la gran Frida
Mujer la madre sufrida
Mujer de plaza de mayo
Mujer de sol fuerte rayo
Mujer la patria querida.

Mujer quemada con fuego
Mujer abuelita dulce
Mujer que tu amor endulce
Mujer se cumpla tu ruego
Mujer que hace labriego
Mujer ancestral cristiana
Mujer bruja y chamana
Mujer pecadora, inculta
Mujer que la vida insulta
Mujer mulata, africana.

Mercedes Fracuelli (Uruguay)

Mercedes Fracuelli
Uruguay

María de las Mercedes Fracuelli Silva Soriano,Uruguay, poetisa reconocida en su ciudad MERCEDES -- Comienza a escribir en el año 2013. Desde el año 2014 hasta el año 2017 comparte Antologías en Argentina. Año 2016 Grupo Cultural Charrúa le otorga econocimiento a la labor Cultural como vinculo para la PAZ.
Año 2016/2017/2018 Premio Internacinonal "Destaque Victoria"
Año 2017/2018/2019Premio Estrella del Sur.
Año 2017-- 1er Encuentro Internacional De Cultura Rumiñahui
Ecuador /Uruguay
Año 2018 Antología virtual Colombia Uruguaya. Comparte Antologías en Chile Isla Negra con Alfred Asis y Poetas del Mundo, viajando a Perú al encuentro de las distintas religiones del mundo pidiendo por la PAZ del mundo y la felicidad de la humanidad, presentando Antología de los mil poetas del mundo.
Año 2018 Premio Cóndor Mendocino. Año 2018/2019 Premio
solidario en San Rafael -- Mendoza.
Año 2018 le entregan en su ciudad Mercedes -- diploma "Por la causa de Soriano " por su aporte literario internacionalmente, dejando en alto a su ciudad.
Programando libro propio, para este 2020.
Integro muchos grupos literarios, más de 15 Antología con Alfred Asís y las fotos de las físicas.

¡AMOR MÍO!

Eres parte de mi...
Te acomodo en mi hombro
te acaricio con mi mentón
mis manos te ejecutan con precisión.
Por eso amor me entrego a ti...
Que tus manos escriban
en las cuerdas de mis pechos,
arrancando melodías perfumadas
de los pétalos de mi cuerpo.
Tu lengua, soberana en mis labios

despierte mis fantasías...
   Donde nos gozamos
para penetrar en ese silencio
donde se congregan nuestras almas.
Llegando a la cúspide del deseo
de mi cuerpo; entre tus dedos de
sombra
   llenos de luz estrellada
para dejarme en lunas de plata
   el universo colgado
en el ánfora de mi vientre.

Elizabeth Franck (México)

Elizabeth Franck
México

(Tepotzotlán, México). Escritora y poetisa.
Licenciada en Comunicación, especialista en Tanatología y diplomada en creación literaria y novelística. Maestra, locutora de radio, promotora cultural, pintora. Autora de 4 libros publicados (Sanando Almas, Alma de artista, Con el alma a la intemperie y Con toda el alma) Antologada en más de 30 antologías nacionales e internacionales.
Premiada con el tercer lugar en el Premio de Novela Corta Rosa María Porrúa (2018).
Nombrada Embajadora Cultural por la Academia de
Literatura Latinoamericana Sede San Luis Potosí (2018) y reconocida por la misma, por sus 30 años de carrera
literaria (2019). Reconocida por Editorial Hispana como una de los 100 mejores escritores de Iberoamérica y el Caribe. (2018-2019).

APPASSIONATA

Imagino que tarareas sobre mi cuerpo,
nota a nota,
fantaseo que somos almas gemelas,
nos complementamos en compases de eras pasadas,
de ayeres consumados,
de presente a contratiempo,
así se viven los amores karmáticos;
así de loco,
así de suave,
así de raro.
Y en este devenir a sotto voce,
me encantas con ardientes frases
jadeantes melodías.
Me empapas con arpegios prohibidos
e indecorosos allegros.
Me desnuda tu voz,
me absorbes en alientos sostenidos,
tu mirada posee mi alma.
Has conseguido hacerme tuya sin tocarme;
me he adueñado de ti sin besarte.

Aury Fuentes (México)

Aury Fuentes
México

Originaria de CDMX, actualmente radica en Temoaya, Estado de México, Interesada desde muy joven en la escritura y la literatura, En 2009 se incorporó al Taller Literario de las Damas y Navegantes del Soneto en 2018. Con poemas, cuentos y ensayos participa en la antología "Reinas y rompecabezas" (2010), y en los poemarios: "Ágape" (2015), "Palabra florida" EDOMEX y "Las voces del Papán" Papantla, Ver. (2016)." El grito de las musas" y "Versos de plata", Papantla, Ver "Tiempo escarlata", Tuxtepec, Oax. "25 Aniversario de Mujeres Poetas en el País de las Nubes" Oaxaca, Oax. "Poetas por la Paz" Papantla, Ver. (2017) "Entre verso y cuento… baila la tinta" EDOMEX "Manuscrito de las Hadas" y "Susurros en la piel" Papantla, Ver, "Erótica, más allá de la piel", Zacatlán, Pue. "Cantera Poética, versos del alma" , SLP "Poesía a Tlaxcala…Versos infinitos", Tlaxcala, Tlax."El Tiempo no es Olvido", Salvatierra, Gto. "Vientos de Paz", y "Coordenadas de Voces Femeninas", EDOMEX "Abrazando a Berbel", Tuxtepec, Oax. "Nocturnal" Colección contemporáneos (Francia, España, Chile, Argentina, Ecuador y México) "Con-versando Contigo" Papantla, Ver (2018). "Mujeres en la Palabra", CDMX; "Susurros de Eros" Coatzacoalcos, Ver., "Bosquejos Katarticos" Ensenada, BC, "Ecos Ancestrales" Antología bilingüe español-nahuatl EDOMÉX, "Manantial de Voces" Papantla, Ver, "Lluvia Poética" Academia Nacional de Poesía CDMX; "Voces Unidas en Real de Potosí", Academia de Literatira Latinoamericana de la SMGE, SLP; "Recorrido Poético Mexiquense"; Antología del Movimiento Internacional "Vuelo de Mujer", "En Alas de la Palabra" Antología bilingüe español-mazahua.

Anvelin Fuents (Guatemala)

Anvelin Fuents

Guatemala

Nació en Zacapa, Guatemala. Graduada de Letras y Humanidades. Actualmente trabaja para los Proyectos Culturales de Zacapa. Desde su infancia decidió estudiar letras y escribir. Su pasión siempre ha sido crear poemas en estilo libre.

Sus poemas llevan la frescura de la infancia y la juventud,

recuerdos recientes que viven en su memoria.

Libros Publicados:

1. Con el alma de la juventud.
2. Cuentos Juveniles.

Siendo joven he conocido el valor de la palabra escrita.

Cleo Gordoa (México)

Cleo Gordoa
México

Cleotilde Guadalupe Gordoa De La Tejera. Escritora, nacida en la ciudad de San Luis Potosí, S.L.P.

Género Poesía Ocasos y momentos de amor, Sinfonías de otoño, Pasiones cautivas, Contigo bajo mi piel, Desnuda entre tus arenas, Y se nos fue el verano, Para esas noches peregrinas y Entre sirenas y desiertos.

Género. Cuento infantil Cuentos mágicos para leer a sus hijos, Tomo I y Tomo II, Cuentos de cascabeles sin gatos en la azotea.

- Embajadora Universal de la Cultura, nombramiento otorgado en Tarija Bolivia.
- Embajadora Cultural, nombramiento otorgado en Chile.
- Promotora Cultural independiente y fotógrafa.

LA CASA DE MI MADRE

Como aúlla el viento en la soledad,
la casa de mi madre vacía, sola
y los lamentos atrapados
en el eco de las paredes frías.

Vienen las sombras,
la noche se aproxima,
solo mis pasos sigilosos
se perciben en la penumbra.

El silencio aterrador, la soledad
y las tinieblas que comprimen,
que ahogan el llanto acongojado
y solo escapan los suspiros.

Tocan los recuerdos a la puerta
y como cascadas se dejan caer
en mi cuerpo adormecido,
en mi corazón viejo.

Como se van caminando los años
entre las risas cantarinas, infantiles,
como azotan las tormentas

cuando la muerte aparece.
Sonrisas, llanto y palabras
que se quedan adheridas en los muros,
se van los que deben irse en su
momento, regresan los ausentes para
recordar su infancia.

La casa solitaria que albergaba
en su seno a los niños de entonces,
la casa antigua y destruida que acoge
entre sus muros a los viejos de ahora.

Así son las leyendas del pasado,
parecen tan triviales en épocas añejas
y luego se convierten
en momentos reales.

Aquí está la presencia de los muertos
que no acaban de irse y se niegan
a transitar,
aquí quedan los ecos de los vivos
que por los senderos de la vida se van.

Maité Glaría (Cuba)

Maité Glaría
Cuba

María Teresa Glaría Mejía (Maite Glaría). Cubana. Pedagoga, poeta y editora, Licenciada en Educación en las especialidades de Literatura y Español en la Universidad José Martí, de Cuba. Diplomada en Comunicación Social, Gerencia Empresarial, Marketing, Relaciones Públicas y Publicidad. Ha publicado cuatro poemarios: *Amazona de fuego, El ala trunca, El próximo destino, y Vientos de Otoño*; tiene también otros dos inéditos. Colabora con poemas, narraciones y artículos culturales en diversas publicaciones como Editorial Hispana USA. Actualmente reside en Estados Unidos.

QUIERO AMARTE

Con sabor a mar yo quiero amarte,
con el sol ardiendo en mis costillas,
una luna roja en mi bolsillo
y un verde bosque en tus ojos encendido.
En días de lluvia quiero amarte,
con la blusa empapada de nostalgias
y una flor en la flor de tu sonrisa,
descansando tu cabeza en mis rodillas,
para amarte hasta el fondo de mis días.

Marta Golubenko Ferreyra (Argentina)

Marta Golubenko Ferreyra
Argentina

Nació en Villa del Rosario (Cba. Argentina) en 1960. Prof. en Letras. Trabajó como docente de Nivel Primario, Medio y Superior en numerosos establecimientos. Participante de Encuentros literarios de poetas y escritores a nivel nacional e internacional.

Conferencista en Congresos nacionales e internacionales y Ferias de libros.

Obras:

"El cáncer y yo. Confesiones íntimas" – 1° y 2° ediciones agotadas.

"Libro de oro de los 200 años de Villa del Rosario" – en co-autoría.

"Libro de Historia del Colegio San José La Salle" – en co-autoría.

"Antología Literaria 5° Encuentro Prov. De Escritores" – Va. Del Rosario / 2008

"Fulguraciones" –Antología SALAC – Va. Gral. Belgrano. 2008

"Luciérnagas de tinta" Antología 2019

"La metáfora al rescoldo" Antología 2020

Premiaciones:

Premio YWCA 2010 como una de las 25 mujeres destacadas de Carlos Paz.

Premio "Mujer destacada en la cultura 2019" – Foro Latinoamericano Femenino

Mención de Honor por su trabajo cultural – Premio Raíces 2020

EL REGRESO DE LA CIGARRA

> *"Cantando al sol como la cigarra*
> *después de un año bajo la tierra..."*
>
> *María Elena Walsh*

El estío rompe su cascarón de quietud.
Regreso absorta por la música
que se esparce, frondosa, por los paraísos.
Trepo desde la mudez
hacia el encuentro.
Escondo mi obscena desnudez de metáfora
y hago relucir mi vientre
en el concierto de los mártires cantores.
Cada tanto, el silencio me reprocha
mi incesante vanidad.
En la plenitud de la salmodia
soy cigarra
luz
misterio
poesía.
Celebro mi secreta mutación de ninfa
mientras danzan, iridiscentes, las hojas.
Me fundo en el vaivén de los coyuyos
para esperar, tras el invierno
la inmortalidad.

Odalys Góngora Quevedo (Cuba)

Odalys Góngora Quevedo
Cuba

Odalys Góngora Quevedo, poeta cubana, nació en Holguín el 10 de septiembre de 1972.

•Graduada en la educación técnica y profesional en la especialidad de prótesis estomatológica en el Instituto Politécnico Superior Aridez Estévez Sánchez. (1993)

• Recibió cursos auspiciados por la Asociación Cubana de Comunicadores Sociales: Relaciones Públicas, Negociación, Administración y Marketing Operacional y Comunicación interpersonal.
Tele Cristal. (2003)

• Integra la Antología Cuba poética, Antología Realidad a Flor de Piel publicada por la Editorial Hispana de los Estados Unidos.(2018-2020 respectivamente)

• Formó parte del jurado del concurso de poesía de la emisora radial Juan de Acosta Estéreo (Colombia), (2019)

• Colaboró para Guatiní, revista dirigida por el maestro Ernesto R del Valle. (2019)

• Participó en el 8vo encuentro internacional de poetas "La isla en versos" (2019)

• Actualmente es integrante del taller literario asesorado por el poeta y narrador Moisés Mayán Fernández.

PROMESAS
(Fragmento)

Incertidumbre y tristeza se respira, un aire desolador entra por las escasas ventanas que permanecen abiertas. Noticias devastadoras desde las diversas plataformas digitales desalientan al mundo. Un escenario nunca antes vivido, no se escucha más música que las incesantes voces de niños dentro de sus casas reclamando salir a correr, regaños de madres preocupadas por el tacto de sus manitas tras las verjas.
Pregoneros que aún se arriesgan a alimentarnos o inconscientemente a contaminarnos.
Un aparente silencio tras la rueda de prensa nos deja en zozobra.
El abrupto panorama no me permite entretejer una idea, una reflexión o un poema a la adversidad o la esperanza.
Más que palabras, hay lágrimas sobre el cristal donde escribo, añoranza por los míos, olor a cloro en mis manos, nasobucos tendidos en los cordeles y un brillo peculiar en los mosaicos de casa me remonta a las limpiezas profundas que hacía mamá durante mi infancia para luego sentarme junto a mi hermana a dibujar sobre papel en blanco….

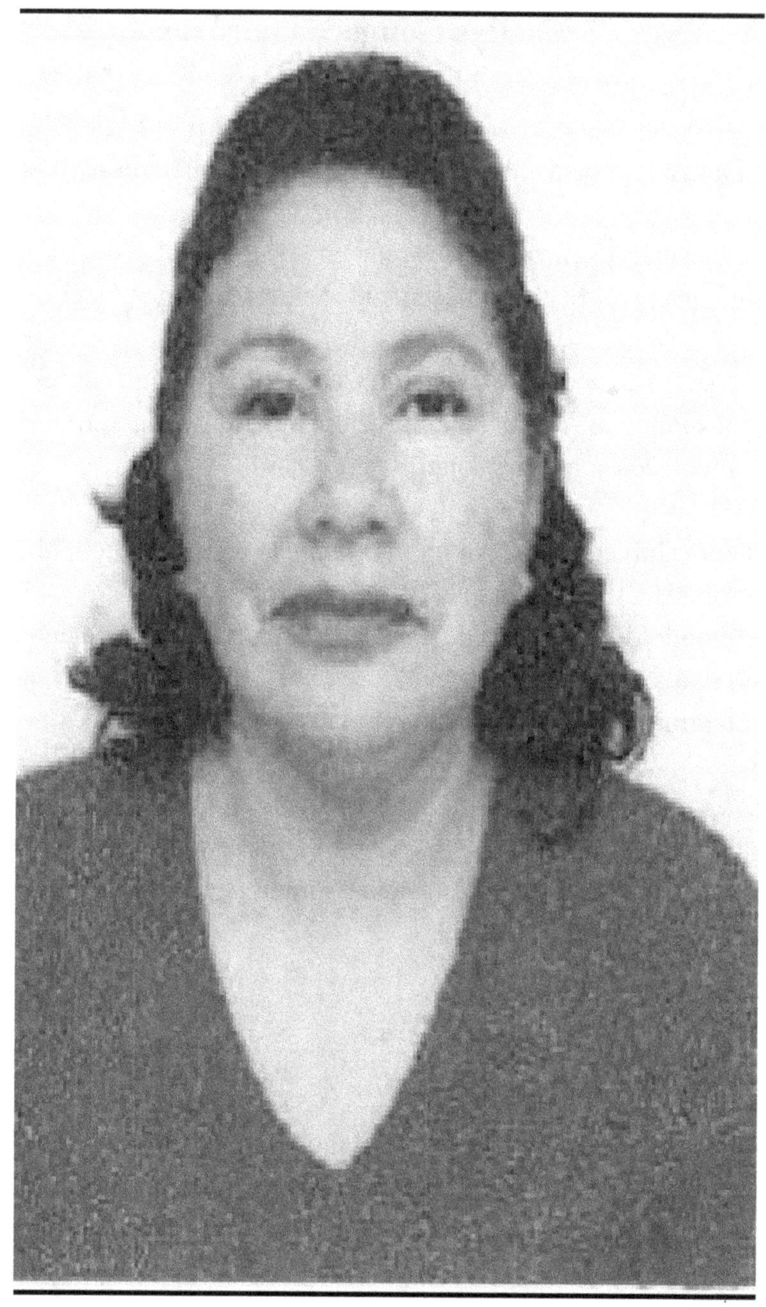

Ernestina Guerrero (México)

Ernestina Guerrero
México

Coeditora y colaboradora de la revista literaria "Hojas Sueltas de Otoño" en Tulancingo Hgo. Algunas antologías: "El manuscrito de las Hadas" "Susurros en la piel", "Más allá de la piel" "Coordenadas Femeninas II", "Voces que no callan", "Ecos Ancestrales", "Te amo" "El tiempo no es olvido", "Zapata cabalga en mis letras".
Coordinadora del Estado de Hidalgo del Grupo Cultural Occeg.

Fiorella Linda Gutiérrez (Perú)

Fiorella Linda Gutiérrez
Perú

Ha realizado talleres de voz para teleoperadores, profesores y personas de la tercera edad. Cantante, actriz, escritora y poeta. Sus poemas han aparecido en diversas revistas y antologías nacionales e internacionales. Sus poemas "NO ESTOY MUERTO","FLORENCIA","GOTAS DE LLUVIA ÁCIDA" y "ETERNIDAD" fueron incluidos en el libro La palabra de fiesta, publicado por la Sociedad Literaria Amantes de País. Su poema "DEXTROCARDIA" fue incluido en el poemario "Poemas de Cristal" de la Sociedad Peruana de Poetas. Su poema "AMIGA DEL TIEMPO" fue incluido en el poemario "Poemas de Luz Vital" de la Sociedad Peruana de Poetas. Sus poemas "TU ANATOMÍA" y "PIEL", fueron incluidos en la revista de México "VIAJE INMÓVIL". Su poema "GEOMETRÍA DE AMOR" pasó por una selecta elección y fue elegido para ser publicado en la "Revista Literaria Monolito "de México.

DIJERON… Y YO RESPONDÍ:
"NO, SOLO QUIERO SER YO"

(FRAGMENTO)
Dijeron…
que copie el estilo de Virginia Woolf,
y yo respondí: No.

Dijeron…
que copie la narrativa de Mario Vargas
Llosa,
y yo respondí: No.

Dijeron…
que atrape las figuras literarias que usa
Saúl Ibargoyen
al cual admiro demasiado,
y yo respondí: No.

Dijeron…
que proyecte las rimas de Bécquer,

y yo respondí: No.

"¿Por qué dices eso?",
preguntaron los señores.
Respondí:
"Son mis letras, mi estilo, mi narrativa,
mis figuras literarias, mis rimas,
las que quiero plasmar en mi lienzo.
Puedo leer a los maestros, pero no
copiarlos.
Puedo aprender de los maestros, pero no
copiarlos.
Puedo admirar a los maestros, pero no
copiarlos.
Puedo llenarme los ojos, el corazón y la
sangre
de sus letras, pero no copiarlos.
¡Mi esencia, señores!
Quiero que mis letras tengan mi esencia,
mi vida, mi yo".

Alondra Gutiérrez (Costa Rica)

Alondra Gutiérrez
Costa Rica

Poeta, Escritora, Cantautora y Actriz Costarricense.

Presidente Nacional en Costa Rica, de la Unión Hispanomundial
De Escritores (UHE) (2018)
Presidente En Costa Rica De La Asociación De Poetas De Andalucía,
España (2018)
Doctor Honoris Causa En Literatura De La Academia Latinoamericana De Literatura
Moderna, De México 2018
Premio "Dámaso Alonso", Madrid, 2018
Premio Mundial A La Excelencia Artística, Buenos Aires, Argentina, 2017
Premio Mundial A La Excelencia Literaria Y Artística, Mayagüez, Puerto Rico, 2015

LIBROS PUBLICADOS:

Huellas del alma
El Manto Milagroso
Pasión de Mujer
Ángeles en el desierto
Romances solo para Dos

Nilda Gutiérrez (Venezuela)

Nilda Gutiérrez
Venezuela

Licenciada en Educación Integral, Universidad Simón

Rodríguez

Maestría en Planificación y Evaluación. Universidad

Bicentenaria de Aragua.
Experiencia Laboral. Docente con 27 años de servicio.

Actualmente soy
Promotora Artística de Música Llanera a nivel Nacional e
Internacional, desde 25 de junio 2016, represento un grupo de 33
cantantes llamado "Aquí Se Habla" Llanero", con varios
reconocimientos.

Ha publicado en Antologías locales e internacionales.

Luisa Herminia Ramírez (Paraguay)

Luisa Herminia Ramírez
Paraguay

(Asunción, 30 de marzo de 1944). Ha participado en actividades del Club del Paraguay, entidad que reúne a Poetas, Ensayistas y Narradores, desde 1990 hasta el año 2010. Ocupó los cargos de Secretaria General. Tiene varios trabajos que aparecen en antologías y revistas nacionales y extranjeras.

Trabajos editados

Cuando el mar te abrace

Amar y sentir

Joselin Hernández (Bolivia)

Joseline Hernández
Bolivia

La Paz, Bolivia, 1959, escritora, poeta e investigados social.

Ha realizado ensayos e investigaciones de carácter literario.

Al iniciarse en el campo de la escritura deseo sobre todo ser ensayista y poeta.
Ha publicado en revistas y boletines culturales a nivel local e internacional. Sus libros destacados son:

1. Ensayo sobre la Literatura.
2. Literatura ayer y hoy.

Alicia Herrera (Argentina)

Alicia Herrera
Argentina

Nació en Córdoba, Argentina, el 15 de febrero de 1960.

Reside en Las Heras, Mendoza, Argentina

Trabajó en docencia y administración.

Cursó bibliotecología y Promoción de la lectura.

Miembro de la Sociedad Argentina de Escritores filial Mendoza, y de Mujeres
Poetas y Escritoras de Mendoza.

Fue seleccionada en 7 Antologías.

Participa del Colectivo Cultural PALABRAS CONVOCANTES, Pasión por el Arte; y de cafés
literarios.

Lidia Beatriz Herrera (Bolivia)

Lidia Beatriz Herrera
Bolivia

Escritora y poeta. Sus poemas han aparecido
en diversas revistas y antologías nacionales e internacionales.
Sus libros:
1. Entre Flores y Poemas
2. Lluvia de mis amores
3. Siempre en mi mente.

Carmen De la Paz Juárez (Belice)

Carmen de la Paz Juárez
Belice

Escritora y compositora con mención de Música, concurso FMC. Le publica la editorial Oriente, libro científico-popular:

Pequeños y grandes habitantes del mar, 1979.

En esa década, en el Año Internacional de la Mujer, participa en el Sábado del Libro, "La Mujer de Belice en la Creación Literaria" aparece como escritora, en el Libro de Escritores Latinoamericanos de la Revista "Tu vida en versos".

Libros publicados:

-Hablan mis versos por mí

-Poemas en mi piel

Soledad Lanas (Chile)

Soledad Lanas
Chile

María Soledad Lanas Varela nació el año 1955, un 15 de marzo en Santiago de Chile. Sus padres María Angélica Varela Vergara y Joaquín Lanas Troncoso fueron una parte fundamental en su vida, sobretodo su padre, quien ha inspirado muchos de sus escritos y poemas. De la relación de sus padres, nacen 5 hijos, María Angélica, Joaquín, María Luisa y Marcia Cecilia siendo ella la tercera de ellos.

Desde pequeña tuvo afinidad con las letras y a medida que fue creciendo, ese entusiasmo se fue desarrollando. Con la muerte de su padre, esa necesidad de escribir se acentuó con mayor énfasis y dio origen al primer libro "Soplos de mi Vida" el año 2006.

Toda su escolaridad la vivió en un colegio de carácter religioso y muy estructurado, sin embargo, siempre fue una joven rebelde, luchadora por sus ideales, vivió situaciones difíciles en lo político.

TU CAMISA

Me encanta, nada me gusta más que ponerme tu camisa al
despertar, no encontrar ningún ojal, enredarme entre el botón y la tela,
tú me miras sonriendo y burlándote de mí torpeza,
siempre he querido robarte tu camisa y nunca lo he hecho,
tú la tienes reservada para mí, es tan lindo cuando con tus ojos,
me indicas el camino a seguir para encontrarla,
yo mirando tu risa burlona, me detengo en la mitad del trayecto,
extiendes tus manos indicándome que no la necesito,
yo insisto en vestirme de ti, esta noche el color enciende mi
rostro, fascinante es este juego entre la música, mi aroma y tus manos,
siempre es enloquecedor enredarnos tú, yo y tu camisa que amo.

Graciela Langorte Machado (Uruguay)

Graciela Langorte Machado
Uruguay

Embajadora Universal de Escritores para URUGUAY UHE -
Embajadora MUNDIAL DE PAZ.
Académico Asociado Internacional de Literatura Moderna registro número 600-uy-027.
-dos libros publicados
"VESTIGIOS DE CIELO" Y
"MARIPOSAS AZULES".
Premio Internacional GRANDES MUJERES
Word Federation For Ladies Grand Master
Premio "Ana Del Valle" Por Sonia Rovere En Rosario Argentina-(Fundación Rovere)
Premio "Raíces "Osvaldo García Napo. B Aires.
"Raíces" " "Juan Delgado Celís"Y Premio A La Ética Literaria En Argentina
"Arcos De Córdoba"
Premios" Victoria" En Uruguay
Premio A La Excelencia Latina En Venezuela
Latinoamericano De Oro, En Ecuador Y Venezuela (Varias Veces)
"Reina Del Plata"Arg.
Premio "Madre Teresa De Calcuta"
Premio En La India) Única Uruguaya " La Estrella En El Mundo De La Poesía "Entre Los 251
Elegidos De 67 Países Única Uruguaya!!!Y Más......
Premios Internacionales. -

Ana León Fernández (España)

Ana León Fernández
España

- Nació en Málaga el 31 de agosto de 1971.
 -Socia de la Asociación de Escritores Malagueños A.M.E participando activamente en su "Revista Rebalaje"
- Ha participado activamente:
 -Ateneo de Málaga con el grupo de rapsodas en el año 2018.
-Radio Onda Color emisión en directo recitando sus poemas el día 7 de mayo de 2019.
-Programa de televisión Málaga Tevé de PTV Telecom recitando poemas propios el día 21 de junio de 2019. -Radio Evolución en Misantla, Veracruz, México recitando sus poemas el día 24 de mayo de 2.019.
-Real Estate Radio de Argentina el día 31 de Julio de 2019 recitando sus poemas con los que ha participado en la Revista Piel número 2 del mismo país.
-Radio Victoria en el rincón de la victoria en Málaga con la asociación cultural Bezmiliana
 de la que es socia recitando poemas propios.
-Antología internacional poética de Tetuán a Málaga en homenaje a José María Lopera
 en junio 2019.
-III Festival Internacional de Poesía del Estrecho día 26 y 27 de septiembre de 2019 en M´Diq,
 Marruecos. Entre muchos otros reconocimientos locales e internacionales.

SHEINA LEONI (Uruguay)

Sheina Leoni
Uruguay

Mi nombre es Sheina Leoni y soy docente, escritora y activista LGBT en Uruguay. Comencé a escribir relatos breves y poesías desde niña, incluso escribía canciones que interpretaba con mi profesor de guitarra. Pero ya en la edad adulta fue que me dediqué con más fuerza a esta actividad, y así hace unos años, quedé seleccionada con una breve poesía sobre las bellezas de mi país en un concurso a nivel nacional. Tuve que leer mi trabajo en la radio y la producción me invitó a que siguiera   haciéndolo. Decidí hacerles caso, y hoy llevo más de cuarenta premios en poesía y varios destaques en novela.

Durante toda mi vida he leído novelas de amor, siendo mi escritora preferida Danielle Steel, pero leo muchísimos autores, porque creo que todos tienen algo que aportar a mi existencia y creatividad literaria.

REMANSO PARA MI ALMA

(Fragmento)

Tus ojos me deslumbraron
con esa tierna mirada
acariciaron mi rostro,
lo volvieron madrugada,

el cielo sonrió celoso
al ver a la luna blanca,
transformada en un poeta,
sonriendo con suspicacia,

cuando tus labios ansiosos
se posaron en mis palmas,
y las hicieron estrellas
en esa noche callada,

reflejando nuestros cuerpos,
en las transparentes aguas,
donde yacía el deseo
rio puro de esperanza.

Tu boca se volvió verso
sin decir una palabra,
mi nombre y el tuyo ardieron,
cenizas sobre la cama,

nos transformamos en sueños,
bañados de remembranzas,
y el amor volvió a ser nuestro,
remanso para mi alma,
que te convirtió en su dueño
mientras tú, la reclamabas.

Odalys Leyva Rosabal (Cuba)

Odalys Leyva Rosabal
Cuba

Odalys Leyva Rosabal: Máster en Ciencias. Lic. en Estudios Socioculturales. Miembro de la Unión nacional de escritores y artistas de Cuba. Presidenta del grupo internacional «Décima al filo». Ha publicado en Cuba los libros: Meditación del cuerpo (2005) y Diálogo sagrado de las vírgenes (2008) por editorial Ácana de Camagüey; Convicta de la gloria (Ediciones Holguín, 2007), y por la editorial San Lope de las Tunas: Ciudad para Giselle (2005), Los Césares perdidos (2009), El Apocalipsis no niega las palomas (2014), Fantasmas Insulares (2014) y Crónicas naturales (2014). Así como Cuatro voces y un concierto, Ediciones Proyectarte, México,2012.El Frente de Afirmación Hispanista de México ha publicado sus libros: Antología Oral Traumática y Comisca en las décimas de Odalys Leyva(2005), Antología de la poesía Oral Traumática y Cósmica de Odalys Leyva (2005), Crónicas de las pirámides del fuego (2006), Presagio que intimida las raíces (2006), Pacanda (2008), Antología de la poesía erótica de Odalys Leyva, (2009), Controversia y aplomo, (2010) en coautoría con la escritora española Isabel Diez; Parnaso de la Glosa Cubana, Ediciones Endymion, Madrid, 2019; Publicó en Estados Unidos los poemarios Presagio que intimida las raíces, Carta Lirica, Miami, 2006 y Fundiendo sus voluntades (glosas a Naborí a través del tiempo), Edición de Carta Lírica, Miami, Estados Unidos, (2013).

DISTURBIOS

Un leopardo me ataca de repente
en sus ojos hay chispa mutilada
y no tengo en mi ardor una carnada
para llevar sus poses a la fuente.

Sin embargo, la loba no está ausente,
en sus manos hay furia dislocada
un siglo de gemir en la morada
la Génesis que aflora de repente.

A veces soy fragor y turbulencia,
se viste de corajes mi cadencia
de muchacha plomiza y sin bautizo.

En la noche hay un vuelo advenedizo…
donde escondo las fuerzas de mi urgencia
y mis destellos de pleamar castizo.

Ernestina Leyva (México)

Ernestina Leyva
México

Autora, compositora y poeta. Embajadora cultural de La Academia de Literatura Latinoamérica, sede San Luis Potosí, México. Autora de tres obras motivacionales:
Si se puede ser EXTRAORDINARIO Celebremos de la vida y seamos una BENDICIÓN para los demás Mis siete globos de colores y YO (edición especial para niños).
Así mismo, autora del poemario:
Enamórate, otoño de amor.
Publicada en por lo menos 10 antologías poéticas nacionales e internacionales. Ha participado en importantes foros poéticos literarios internacionales; también en distritos escolares, dentro de las actividades del día de las carreras.
Ernestina siempre busca dejar un mensaje positivo. Por siempre, con la fuerza del alma y las palabras.

… A las cinco de la tarde
Ernestina Leyva

En el largor de la senda recorrida
se avallan las ilusiones afables,
cuando a las cinco de la tarde,
dimana la realidad comprendida.
Cuando se descifran misterios,
se escriben poemas constantes,
que enamora la coyuntura del arte
y en lo íntimo se vuelven excelsos.
Que suspire el sonido de los mares;
la alabanza es pura y acrisola…
que él me acaricie bajo la aurora
también a las cinco de la tarde.
Los suspiros en su génesis arden,
de ahí florecen las intenciones,
que llueven como canciones,
a las cinco, a las cinco de la tarde.
 ¡Oh salve aliento constante!,

magnificencia camino al cielo,
deshojando con sus anhelos,
en lo fantástico de las tardes.
En las fronteras de los labios,
se hilan versos y decoraciones,
donde florecen magnos fulgores,
como luminiscencia de sabios.
El génesis inhala y exhala flores,
la materia se haya tembleque,
cuando ya el interior presiente
de las cinco de la tarde olores.
Que tu santidad no se asombre,
de este sol travieso acrisolado,
que en tus labios dormirá callado,
en sus majos campos de flores.
El reloj ha ofrendado las llaves,
el tiempo brilla en su perfección,
los ángeles llegan a su mansión…
a las cinco, a las cinco de la tarde.

María Eugenia Leónvera (Colombia)

María Eugenia Leónvera
Colombia

Diseñadora, ganadora de la 'Aguja de Oro'.

Poeta colombiana nacida en Ipiales desde donde desarrolla sus actividades culturales a través del 'Colectivo Cultural Cincel' y la 'Casa de Montalvo'.

Autora del poemario 'De Amores y Nostalgias'(2015) tiene el honor de ser parte de múltiples Antologías editadas en diversos países.

Participante en encuentros de poesía nacionales e internacionales. Para reconocer tanto su labor poética y de gestión cultural como su profesión, en marzo del 2017 se le otorgó 'La Estrella de la Fama' Ipiales Colombia.

La prensa escrita, radio y televisión han destacado sus logros y actividades.

IPIALES: CIUDAD DE NUBES VERDES

Estuviste siempre allí
Acantonada al sur de mí recuerdo,
Esperando en cada esquina mi llegada
Inmóvil por el frío en madrugada
Pero siempre hermosamente tierna.
En las tardes de verano
Al norte de tu estancia
Aparecen esmeraldas en tu cielo
Y después de las labores, en sosiego,
Contemplamos sorprendidos tu belleza.
Vestida de Carnaval Multicolor de la Frontera
Esperas a cada uno
Para pintarle el alma
De alegría y de barullo.
Festejando tu cumpleaños
Se reúnen en tu plaza
Las guitarras y las voces
De los mejores cantores:
Ipiales, Cuna de Grandes Tríos.
Iluminada en diciembre con tus mejores galas
Esperas la visita de aquellos que en muchos años

No volvieron por tus calles
Olvidando que sus sueños
Aprendieron a volar
Con las alas que les diste.
Y para embriagar ausencias,
Para romper en las rocas
Lo ingrato del silencio,
Te refugias con tristeza
Donde el majestuoso Guaítara
Enmarca y aloja con orgullo
Al Santuario más Bello del mundo
Allí, donde el dolor se levanta en oración
Y la súplica constante
A la Madre siempre Amante
Mitiga el sufrimiento
Y lo convierte en Milagro.

Nos sentimos orgullosos
De haber nacido en tu suelo
Donde la Madre del Cielo
Se quedó entre nosotros
Reinando en su Santuario
Maravilla de universal.

María Marta Liébana (Paraguay)

María Marta Liébana
Paraguay

(Asunción, marzo de 1969). Ha participado en actividades del Club del Paraguay, entidad que reúne a Poetas, Ensayistas y Narradores, desde 1990 hasta el año 2010. Ocupó los cargos de Secretaria General. Tiene varios trabajos que aparecen en antologías y revistas nacionales y extranjeras.

Su obra ha sido presentada en diferentes países de Europa y Estados Unidos.

Trabajos editados

Encrucijadas

Mar y Tierra Celestial

El Templo Solar

Adiela Londoño (Colombia)

Adiela Londoño
Colombia

Ma. Adiela Londoño Sánchez Nace en la bella tierra de la Unión Valle, Colombia, un 24 de Diciembre de 1940. La Ciudad de Cartago, Valle la adopta desde sus 5 años, y hace 75 años reside como fiel habitante de la bella ciudad del Bordado.

Obtuvo el Título de Licenciada en Español y Literatura 1986.

Amante de la Pedagogía de la Comprensión y de aprender Jugando, inicia una serie de convocatorias al Teatro, a la Poesía declamada, a la danza y la creación de Cuentos.

Maestra Oficial desde 1972 en la misma Institución donde había realizado sus estudios, ejerciendo la práctica del área en la que se había especializado. Tuvo la fortuna de enfatizar la creación Literaria durante largos años de Maestra y de encontrar la mejor manera para que sus estudiantes y compañeros obraran por convicción, donde no imperará la autoridad para mandar y dejar hacer.

Libros Editados. "EXORDIO Y PALABRA" (Acervo de Sentimientos) MI VIDA. "FARO DE SENTIMIENTOS, (2019 PRESENTADO EN FILBO BOGOTÁ MAYO 3 -2019.

PREMIOS RECIENTES: Medalla y Pergamino "MÉRITO A TODA UNA VIDA" Alcaldía Municipal Cartago, Julio 2017; "LAURO DE ORO" Labor y Formación de Semilleros de Poesía, Octubre 2015 en la ACADEMIA DE LA LENGUA en Bogotá. Por NACIONES UNIDAS DE LAS LETRAS y ALGO POR COLOMBIA: Premio "DAMA LATINOAMERICANA DE LA POESÍA" Baigorria Argentina octubre 2019, Participación en muchos Encuentros y Congresos Nacionales e Internacionales de Poetas. Muchas más Distinciones que conservo con mucho cariño. Reconocida como Una de las Mejores 100 Escritoras de Iberoamérica y El Caribe por Editorial Hispana USA.

EVOCACIÓN DE AMOR

El amor es…
Ángel vestido de pasado
lira vertiendo sinfonías, canción de sonajero
llave que abre sin quimeras, acuarela pincelada de luz,
arco iris detrás del horizonte, nacimiento de agua titilante,
lago besado por los cisnes, canción de cuna y arrullo
en madrugada.
Hoja que piensa en tu mirada, mar que baña el universo
flor perfumando tu vacío, estrella escapada de la noche
Andrómeda revistiendo tu cuerpo, Júpiter besando tu silencio,
lunas esperando tu sonrisa, árbol buscando tus raíces,
libro encontrando tus recuerdos, pluma escribiendo tus tristezas
El amor es: Suspiro, ternura, pasión, temor, Ansias de verte.

Yadila Isabel López (Bolivia)

Yadila Isabel López
(Bolivia)

Obtuvo Mención de Música, en La Edad de Oro, en el 74. Premio de musica 75, concurso FMC, (disco Crecer, como mami ser). Le publican y graban su libro-disco Canción (Gente Nueva-EGREM). Le publica la editorial Oriente, libro científico-popular, Pequeños y grandes habitantes del mar, 1979.

En esa década, en el Año Internacional de la Mujer, participa en el Sábado del Libro, "La Mujer Boliviana en la Creación Literaria", como la joven generación, con las escritoras: Reme Méndez Capote, Dora Alonso, y Nidia Sarabia. También en esa década, aparece como escritora, en el Libro de Escritores Latinoamericanos de la UNESCO.

Yuly Mandón (Venezuela)

Yuly Mandón
Venezuela

AMALIA CLAUST´S (YULY MANDÓN) Nace un 29 de mayo del año 2000, en un humilde hospital de Cucúta, Departamento Norte de Santander, Colombia. Fue recibida por la vida en el seno de una familia humilde, hija de un albañil y vendedor de empandas, y de una modista costurera independiente, quien por nombre tuvo su padre Miguel Ángel Mandón Barriga y su madre quien responde al nombre de Trina Belén Arias Luna, hijos de campesinos colombianos. Sus padres le presentaron ante la ley del hombre y ante Dios con su nombre de pila al cual responde como Yuly Carolay Mandón Arias. Fue bautizada en la parroquia San Pedro Apóstol, Villa del Rosario- La Parada, Colombia.

Creció en un ambiente oscuro de una familia disfuncional de un padre autoritario y una madre violentada.

Juliana Martínez (Cuba)

Juliana Martínez
Cuba

Ha recibido reconocimientos en eventos virtuales en Grupos de Facebook
Obtuvo el primer lugar en los Juegos Florales en la comunidad.
Sus poemas se difunden en dos radios:
Laboardilla (Sevillla España)
Satélite Visión (Chile)

Libros publicados:

-Aunque duela el alma

-Nunca te dejaré

-En mis sueños

Omaira Martínez (Venezuela)

Omayra Martínez
Venezuela

Nace un 19 de agosto del año 1969. Fue recibida por la vida en Villa del Calvario- en Venezuela.

Siempre ha deseado ser escritora y lo manifestaba desde temprana edad, recitando sus versos favoritos y escribiendo cartas y poemas.

Sus libros publicados son:
-Del viento y del mal
-Un ángel como tú
-La Escuela de mi Infancia

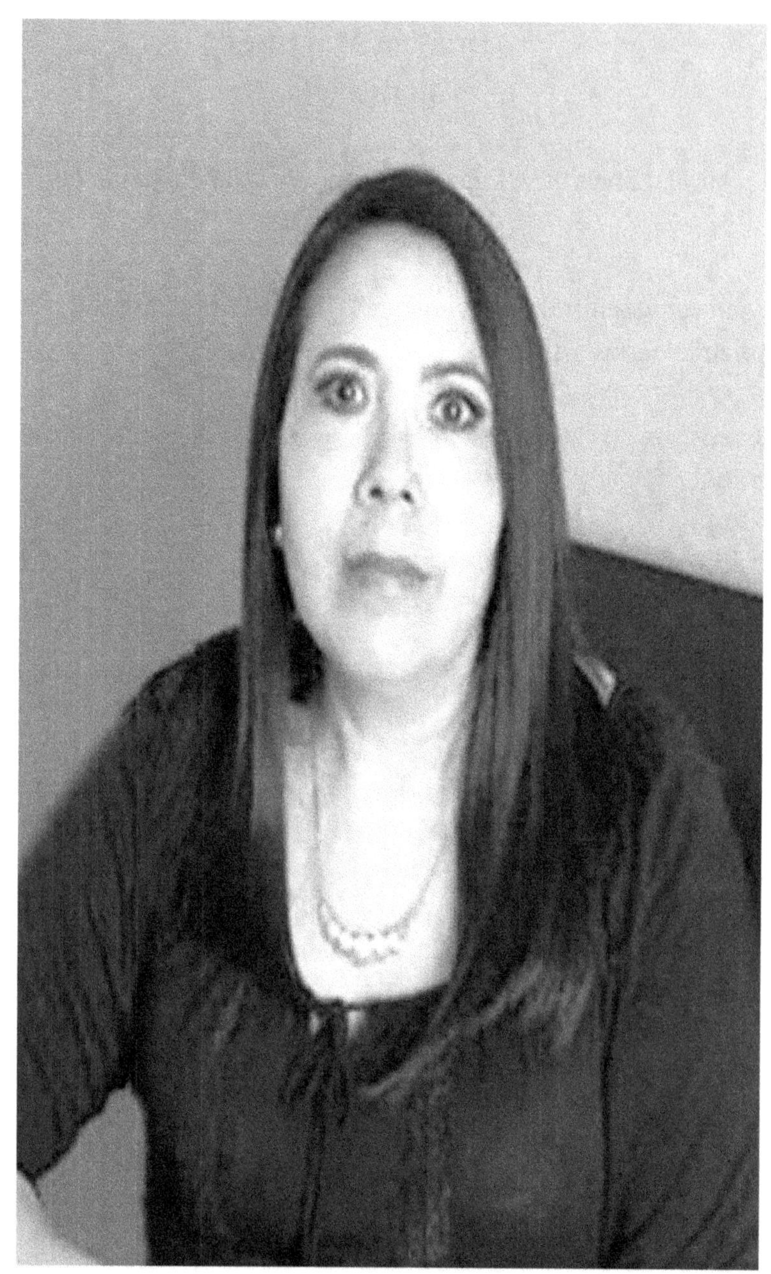

Rosario Martínez (México)

Rosario Martínez
México

Escritora de Ojinaga Chihuahua, México 1963
Narradora y poeta.
Profesora de primaria, tiene Maestría en Educación y Licenciatura en Educación Media
Superior con especialidad en Lengua y Literatura.
Obra publicada: "El aniversario y otros cuentos", novela infantil:
"Aluzia & Sombría" y "Cambio de estaciones".
Ha obtenido un primer y tercer lugar, mención honorífica, finalista ganadora y
seleccionada en concursos de cuento en México.
Sus cuentos aparecen en más de quince antologías impresas en papel en México, Argentina,
Perú, España y gracias a Editorial Hispana, su obra se encuentra impresa en Antologías en
USA.
Colabora con la Revista Latina NC en EE.UU. (digital)
Participa en talleres de escritura creativa, entrevistas, presentaciones y ferias de libro.

NAVIDAD CON LOS ABUELOS

Ahí, en ese pequeño sitio, la sala, se amontonaba en las diversas festividades su familia: hijos, nietos, nueras y yernos en alborozado abigarramiento. Era el tiempo de las cenas de Navidad y Año Nuevo que generaban en su viejo un gran entusiasmo. Rodeado de su numerosa familia se erguía en el centro del evento y tomaba de debajo del mustio árbol navideño cuyas luces multicolores se reflejaban difuminadas en los vidrios empañados de la ventana que daba a la calle, los presentes que repartía como un niño Dios benigno y generoso. Luego descolgaba de las ralas ramas del pino paquetitos que aguardaban su final desde que se colgaran días atrás como pequeños sobres envueltos en papel de regalo, que ya anunciaban a sus destinatarios su contenido, dejando como única sorpresa para la nochebuena, la cantidad que el abuelo les obsequiaría.

La familia entera se apiñaba en los sillones recargados contra paredes forradas casi hasta la mitad con un tapiz de imitación madera, un poco más arriba donde este terminaba, la pared lucía un brillante color amarillo, como si cientos de canarios se hubieran estampado en las paredes, él, su marido, quien ahora no estaba, el que se había ido dejándola, era quien la había pintado.

Belky Montilla (Venezuela)

Belky Montilla
Venezuela

Poetisa, Escritora.

Ha publicado en dos Antologías:
Una Historia Por Una Sonrisa (Chile)
Mi Madre Es Una Rosa (Editorial Hispana USA)
Su primer libro publicado:
Donde vuelan las Mariposas (USA)
Ha recibido reconocimientos en eventos virtuales en Grupos de Facebook
Fue otorgado el premio Mujer Poesía por parte del Taller Literario del cual es miembro
Obtuvo el primer lugar en los Juegos Florales en la comunidad.
Sus poemas se difunden en la radio:
Satélite Visión (Chile)

TE EXTRAÑÉ

Cuántas veces
Mis oídos escucharon esa palabra
que en tu boca tuvo el sentido
y el sentimiento apropiado
que jamás entendí.

Después de unos pocos días
de no vernos, al escuchar tu voz
se me llena el corazón de alegría,
pero mis ojos se nublan y con disimulo,
para que no broten mis lágrimas,
te doy un abrazo y un beso que me salen
del alma.

Tú me enseñaste a conjugar: Te extraño,

¡Te extrañaré abuela ¡
y al cerrar la puerta, tu imagen, tu sonrisa,
tus travesuras
quedan guardadas en el baúl de mis
añoranzas,
esperando vernos, la próxima vez.

Pero llegó un día en que el adiós fue más
largo,
pero aquí estoy, sigo esperándote,
sé que algún día volveremos a abrazarnos
y me dirás que no has olvidado
las canciones de arrullo, los juegos, mi voz:

¡Te extrañé!
Una madre con el alma partida de dolor.

María Montilla (Colombia)

María Montilla
Colombia

Escritora y ensayista.
Ha publicado en:
Mi Madre Es Una Rosa (Editorial Hispana USA)
Obtuvo el primer lugar en los Juegos Florales en la comunidad.
Sus poemas se difunden en dos radios:
Laboardilla (Sevilla España)
Satélite Visión (Chile)
En sus poemas ella logra atraer a sus lectores por su lenguaje delicado y sensual con un lirismo
erótico acercándose con intensidad y la calidez de un amor que va haciendo entrega
entrelazando esencias y alma haciendo al lector parte, cómplice y testigo de sus letras.

POEMA A MI PADRE

GRACIAS
A mi padre, que me enseñó sobre la vida
bohemia, aquel que enseñó que con solo
un momento de inspiración nacen las más
bellas letras y poemas.

GRACIAS
A mi padre, que me enseñó que en la música
encontraba, tranquilidad, que con unas
cuantas notas musicales, tendría una
canción para toda la vida.

GRACIAS
A mi padre que me enseñó lo que es extrañar
con su ausencia, me mostró, que así uno no lo quiera,
por los maravillosos recuerdos siempre se extraña.

GRACIAS
A mí padre que me enseñó que cuando se tiene
el amor impregnado en el corazón destila
el néctar para vencer cualquier obstáculo.
Por eso y por mil formas más que me enseñaste,
te digo feliz día PADRE.

Renata Munguía (Nicaragua)

Renata Munguía
Nicaragua

Narradora.

Ha publicado en:
Mi Madre Es Una Rosa (Editorial Hispana USA)
Su primer libro publicado:
No me encuentro en soledad. Editorial Hispana (USA)
Ha recibido reconocimientos en eventos virtuales en Grupos de Facebook

Obtuvo el primer lugar en los Juegos Florales en la comunidad.
Sus poemas se difunden en dos radios:
Laboardilla (Sevillla España)
Satélite Visión (Chile)

Isabel Neridad Fuentes (Paraguay)

Isabel Neridad Fuentes
Paraguay

Ha publicado en dos Antologías:
Una Historia Por Una Sonrisa (Chile)
Mi Madre Es Una Rosa (Editorial Hispana USA)
Sus poemas se difunden en dos radios:
Laboardilla (Sevillla España)
Satélite Visión (Chile)
En sus poemas ella logra atraer a sus lectores por su lenguaje delicado y sensual con un lirismo erótico acercándose con intensidad y la calidez de un amor que va haciendo entrega entrelazando esencias y alma haciendo al lector parte, cómplice y testigo de sus letras.

Carolina Nicora (Bolivia)

Carolina Nicora
Bolivia

Poetisa.

Ha recibido reconocimientos en eventos virtuales en Grupos de Facebook
Obtuvo el primer lugar en los Juegos Florales en la comunidad.
Sus poemas se difunden en dos radios:
Laboardilla (Sevillla España)
Satélite Visión (Chile)
En sus poemas ella logra atraer a sus lectores por su lenguaje delicado y sensual con un lirismo
erótico acercándose con intensidad y la calidez de un amor que va haciendo entrega
entrelazando esencias y alma haciendo al lector parte, cómplice y testigo de sus letras.

Yudelxis Ortega Viamontes (Cuba)

Yudelxis Ortega Viamontes
Cuba

Nació en la Cuidad de Camagüey, Cuba el 21 de enero de 1974. De profesión Contadora. Creció en el seno familiar de sus abuelos, a ellos agradece esa inclinación por la poesía, desde muy joven escribía, leía a Miguel Hernández y Carilda Oliver Labra, a raíz del encierro por la pandemia del Covid, decide publicar sus letras. Ha publicado en antologías: Mis Versos a la Poesía y Antología de Amor para el Adulto Mayor.

APARECES POESÍA

Apareces poesía
entre estrellas suspendidas
en la voz desamparada
y huérfana de palabra
en el latido evocativo de
primaveras deshojadas
de fragancias liberadas y
ráfagas de esperanzas.

En un cielo despejado
bautizado de recuerdos
suspiran esos sueños
cayendo en cascadas de
versos y se empapan las pieles
en el rocío de un sentimiento
donde vuelan los suspiros
hiriendo dulcemente al silencio.

Apareces poesía
amando a través del tiempo
latiendo en amores nuevos
o en el recuerdo de algún beso
en cada letra acariciada
presa del pensamiento
y en la tinta del poeta...
Qué te busca en su universo.

Claudia Patricia Ortega G. (Colombia)

Claudia Patricia Ortega Guerrero
Colombia

EMBAJADORA UNIVERSAL DE LA PAZ en Colombia del CÍRCULO DE EMBAJADORES UNIVERSALES DE LA PAZ DE GINEBRA-SUIZA; PARÍS – FRANCIA. Es colombiana. Docente, escritora y columnista. Licenciada en Literatura de la Universidad del Valle-Colombia. A lo largo de su carrera ha obtenido varios premios literarios en la modalidad de cuento, poesía, soneto, haiku, relatos y micro relatos, ensayos y artículos de opinión, entre ellos el PREMIO MUNICIPAL DE CUENTO en Colombia con "EL INFIERNO DE DANI", Ha publicado varios ensayos, entre ellos el ensayo "SANTA EVITA. UNA NOVELA TEJIDA SOBRE EL BASTIDOR DE LA HISTORIA" publicado en la revista cultural "LAS ARTES" de "EL DIARIO" en Colombia, igualmente publicado en la "Revista IKARO" de Costa Rica. Es columnista de la Revista "Un Vistazo" en México. Varios de sus escritos han sido publicados en antologías, periódicos y revistas de Colombia, Rumania, España, México y Paraguay entre otros. Obtiene Diploma de Reconocimiento de "El Centro Unesco de Cultura" de Puerto Rico por sus los méritos obtenidos y por su valioso aporte a la cultura.

María Luz Pariona Vargas (Perú)

María Luz Pariona Vargas
Perú

Nace en enero del año 1976 en Lima, desde niña fue atraída por los cuentos, leyendas, mitos y creaba sus propios cuentos, recitaba poemas también actuaba en pequeñas obras teatrales, de forma innata ha desarrollado habilidades artísticas e histriónicas. Ha cursado estudios de Pedagogía, actualmente es una Maestra creativa en el nivel de Educación primaria los mejores años de su juventud se los ha dedicado a los niños. Escribe poesías, pensamientos, entre una diversidad de publicaciones que comparte en las redes sociales. Escribe también frases y pensamientos.

Su libro destacado lleva por nombre: Inti y sus Amigos, publicado por Editorial Hispana USA.

Raquel Perdomo (Uruguay)

Raquel Perdomo
Uruguay

Nació en la ciudad de Montevideo, capital de la República Oriental del Uruguay. Escribió su primera poesía a la edad de 12 años, escritora registrada desde diciembre del 2014.

Hoy cuenta con más de 500 poesías en su haber y algunos cuentos infantiles.

Participo en una antología invitada desde Belgrado Serbia para representar su país junto a otros 80.

Ha recibido invitaciones oficiales para importantes encuentros internacionales: Festival de las Artes 2015 a realizarse en México en el estado de Veracruz y al 18° Encuentro Internacional Literario ABrace a realizarse Cuba en mayo del 2016. Así define a los poetas "Poetas son embajadores de amor y paz, tejedores de sueños".

Ruth Pérez Aguirre (México)

Ruth Pérez Aguirre
México

Nace en Mérida, Yucatán, 1955. Egresada del diplomado de Creación Literaria de la escuela de escritores SOGEM José Gorostiza. Egresada del Diplomado del INBA 2016 de Actualización para Escritores.

Escribe los géneros de Poesía, novela, novela breve, cuento, microficción, Literatura infantil, cuento y poesía. Ha publicado 25 títulos en los diferentes géneros. Es traductora de italiano al español.

Ha obtenido premios, Menciones de Honor, Menciones especiales en diferentes ciudades de México y otros países como Cuba, EEUU, Argentina, Chile, España, Italia, Australia, Bolivia, Brasil.

Ha sido invitada a diferentes Encuentros literarios en varios países y en ciudades de México, Jornadas literarias y muchas Ferias del Libro y de La Lectura.

Recibió el Premio a la Trayectoria por SELAE, de Milán, Italia. 2014.

Emelina Pérez (Colombia)

Emelina Pérez Florez
Colombia

Nació el 5 de mayo de 1972 en San Pedro, Sucre.

Es poeta y en su obra se trasluce la búsqueda constante del amor que toma como testigo a la naturaleza, transformada en el escenario donde se desarrolla el drama de su poema.

Su voz de metáforas tersas se eleva entre los cerros y los espejos de agua, entre los surcos campesinos y los cantos de vaquería de los pueblos de esta esquina de Colombia donde la flor del Bonche se mezcla con la Taruya de los arroyos refrescando la canícula cuando se mezcla con su poesía. Emelina es un ama de casa, con hijos y nietos que se solazan de su escritura que ella mezcla con la atención a sus padres, originarios también de San Pedro.

Emelia es sencilla y espontánea, valora y admira todo lo creado por Dios, siente un amor por las cosas valiosas de este mundo, quiere a su gente y a su tierra.

Destacándose como un personaje del Museo de Artes de Sincelejo. Esta Sampedrense con sus publicaciones ha logrado figurar entre los escritores más importantes del departamento de Sucre.

Ha escrito obras como: Azul Ausente, Horizontes de Luz, Antología de Escritores de San Pedro Sucre y URDIMBRES Antología las Mujeres del Caribe Narran su Territorio, Obra colectiva impulsada por el ministerio de cultura.

VIVIRÁS EN MÍ

Mientras la luz de la esperanza ilumine mi
vida
tendré lugar para pensar
que, aunque estés distante
el tiempo pasa...
Y todos esos bellos
recuerdos serán mi mejor compañía...
Y en el afán de perderte
lucharé por encontrarte
buscando en mí pensamiento
el deseo de tenerte.

Nunca podré olvidarte...
Porque, aunque el destino
nos separa, vivirás en mis sueños...
Y con mucha nostalgia recordaré...
Todos los gratos momentos
compartidos...
Y cuando mi corazón
Quiera dejar de amarte...
Encontraré la forma de que no lo haga...
««««Recordándole»»»»
Que en mí...
vivirás hasta la eternidad.

Norma Pérez (México)

Norma Pérez Jiménez
México

Originaria del Estado de Hidalgo, México
· Poeta y escritora.
· Presidente de la Academia Nacional de Poesía capítulo Estado de Hidalgo.
· Embajadora Cultural por el grupo Utopía Cultural Internacional.
· Gestora Cultural con certificación por el Conglomerado Cultural Internacional del Perú.
· Hacedora Literaria de poesía sofisticada por el Conglomerado Cultural Internacional del Perú.
· Autora de 11 libros entre poemarios, fraseología, prosa, así como un libro bibliográfico titulado Tres veces mojado.
· Ganadora del concurso literario un poema a la paz, que se encuentra en el portal de la UNESCO, evento organizado por Utopía Poética Universal.
· Ganadora en eventos nacionales e internacionales.
· Participación en más de 30 antologías nacionales e internacionales.
· Ganadora de Carta de Amor, evento por el Conglomerado Cultural del Perú.
· Compiladora de antologías: Valores Universales, Pandemia a través de la poesía, El motor que mueve al mundo, México, raíces del alma, entre otros.
· Locutora por Andrómeda Radio, una estación con alma.
· Certificación Taller de Técnicas y Estrategias de conducción de entrevistas raciales y televisivas.

Luzmila Plaza Cardee (Cuba)

Luzmila Plaza
Cuba

Poetisa.

Embajadora cultural, miembro fundador del Ciclo Narradores, en Rosario en 1989.

Participó en la inauguración de la Biblioteca del Poeta en Huari, Perú, elegida junto a nueve poetas iberoamericanos. Poeta cofundadora del primer Museo de la poesía manuscrita en La Carolina. Prologó la obra "Fin de Siglo", entre otras, con un análisis de la misma. Libros editados: 6 libros, 12 opúsculos.

Varios premios. Participación en antologías locales e internacionales.

Ana Lucía Restrepo (Colombia)

Ana Lucía Restrepo Rodríguez
Colombia

Nació en Medellín el 23 de mayo de 1999. Hija de María y Ricardo. Es la menor de dos hermanas. Estudiante de Comunicación Social en la Universidad Luis Amigó. Su seudónimo en la literatura es Diosa de la palabra. Coordinadora del Parlamento Joven en Apartadó, Antioquia. Hace parte del colectivo de escritoras de Urabá, Las Musas Cantan, Taller de escritores Urabá Escribe y Grupo literario Poesía Sin Fronteras.
-Varios de sus poemas están publicados en la Recopilación Poética, 5º Encuentro de poesía, Las Musas Cantan. ¡Grito de primavera! 2016
-Varios de sus poemas están publicados en la Antología poética Las Musas Cantan (Poesía) proyecto ganador de la Convocatoria pública en cultura y patrimonio 2016 de la Gobernación de Antioquía.
-Algunos de sus poemas están publicados en diversas revistas como La Barca revista para chatnautas, sexta edición año 2020 y Revista Innombrable.
-Varios de sus poemas están publicados en la Antología Sin Fronteras 2020.
-Varios de sus poemas están publicados en la Antología poética Donde Cantan los grillos, Colectivo de escritoras de Urabá, Las Musas Cantan. Proyecto ganador a la convocatoria pública de Estímulos 2020. Becas para la publicación de obras de autoras d los grupos étnicos y población de interés, categoría 5 mujeres campesinas del Ministerio de Cultura Colombia.

URABÁ

Al son de tambores y flautas
coquetos van las faldas y sombreros
de los bullarengues aquellos,
que expresan a través de sus letras
las historias marcadas por la violencia.

Aún ocultas están, detrás de sonrisas
entre las manos de personas pujantes y
alegres la pesca de esperanza
en las bananeras y plataneras.

Donde florecen los artistas y deportistas
que enorgullecen al país entre los ríos
Atrato y León en esta tierra de promisión.

Ante la majestuosidad
de la Serranía de Abibe
que en sus picos más altos
guarda las tradiciones ancestrales
uniendo los departamentos
de Antioquia, Chocó y Córdoba
donde los turistas quedan fascinados.

Al caer los atardeceres
el sol de la esperanza
en las playas del Urabá
con sus huellas
marca un futuro
en la tierra prometida.
Formando así, el corazón de Urabá.

Lilia Ramírez *(México)*

Lilia Ramírez

(Lilitt Tagle)

México

Nacida en el Barrio San Antonio de Padua, Centro histórico de Orizaba, Veracruz, se formó en las ciencias duras y las ejerció muchos años. Cada día intenta transitar a las artes. A nivel nacional ha recibido tres premios de poesía y un primer lugar en narrativa. Tiene once libros publicados, siete de poesía y cuatro de narrativa. Se presentó en la Casa Museo Zenobia Juan Ramón, en Moguer, España y en la Facultad de Lenguas de la Universidad de Córdoba, Argentina. Ha sido antologada en varias revistas y colectivos de narrativa y poesía en México, España, Argentina y Estados Unidos.

NADIE SUPO NI SABRÁ
A JOHN

Nadie supo de las rejas
que colmaban de paz al
cielo
ni de los gritos, carcajadas
de fuego.

Nadie supo de las almas
cruzando territorios
inimaginables. Desiertos
blancos.
Nadie sabrá de los catres
alineados
con su azul cubrecama,
de la sonrisa de niño
en la ventana.
 De sus manos
temblorosas.
 Nadie supo de sus ansias,
del verdor oculto
    tras las horas,
del dolor que no es dolor
si no una semilla
sembrada
en la aridez del

pensamiento, en la
dignidad
de las cosas sin nombre.
En el olvido de la libertad
y su sombra.
Nadie supo de sus rezos
que no eran rezos
de sus súplicas rebotando
en la nuca -de otros-
Cómo saber algo si
habitamos
esquinas contrarias
de este cuadrilátero
desprovisto de ternura.
Ven, asómate a la
ventana,
ahora que se abre,
mira las plantas crecer
bajo la sombra
mira los caracoles
arrastrar su carnosidad
dejando un rastro
luminoso
que asquea a pesar de su

brillo.
Mira el blanco de las
vestiduras -de otros-
las cofias, los delantales,
las libretas de apuntes.
No te está permitido el
lápiz, la hoja en blanco ni
el color de las consignas -
de otros-. No te está
permitido ningún libro,
ninguna anotación (será
tachada de falsa o de
locura). Asómate, si
puedes, por ese hueco
tuyo en la memoria, por
esa rendija donde apenas
cabe tu sonrisa, y mira
nuestro mundo, la
crueldad del raciocinio,
la objetividad de las
razones…

Claudia Susana Rebequi (Argentina)

Claudia Susana Rebequi
Argentina

Nació en Lanús, Gran Buenos Aires – ARGENTINA.

"…en la escritura, busca el punto de equilibrio entre la realidad, lo sentimental y la fantasía de los sueños, expresados en deseos, recuerdos de vivencias o quimeras".

En marzo 2019: **"Libélulas para el amor",** edita su primer poemario.

Participa en forma activa en Festivales de poesía y concursos. "Más allá del espejo" Antología de Ed. Dunken; "104° aniversario de "Multimedios La Idea", 2do. Puesto en Poesía y Antología; "MENCIÓN DE HONOR" Antología Internac. "UNIDOS POR LAS PALABRAS 2020", Junín (Bs. As.)

Participa de programas radiales: **varias radios nacionales e internacionales.**

En Julio 2020, su segundo libro de poemas: **"Con el sombrero puesto";**

"A las madres" Antología de Ed. Ancestralia SL.; <u>**Ed. Hispana US de Atlanta**</u>: **"Las 100 mejores escritoras del 2019-2020"** Biografías; **"Patria, Paz   y Progreso Humano"** Antología 2020 y **"Ensayos Latinoamericanos"**

Diciembre 2020: **"Puntos suspensivos"** cuentos de suspenso escritos junto a la escritora Lidia Susana Puterman.;

Además: **"Letras del mundo"** Antología virtual; **"Cuesta arriba"** Poema e ilustración elegido por Ed. Rojo al Frente.

POR UNA NAVIDAD MÁS

Diciembre, mes de reuniones,
de balances y reencuentros,
de alegrías y también tristezas.
No me gustan las Navidades
porque ya no son como antes.
falta la mesa larga
o quedan espacios en blanco.
Igualmente se agradece a la vida,
por un reencuentro más;
aunque falten los abrazos
de los que no regresarán

Una Navidad más, haciéndonos grandes,
acorazando a la emoción que intenta
inundar nuestro corazón.

Agradezco vivir una Navidad más,
recuerdo a los que ya no están;
festejo con los que hay,
acongojando la ausencia,
aferrándome a brindar
con los que quedan.

Mirta Liliana Ramírez (Argentina)

Liliana Ramírez
Argentina

Escritora, Compiladora, correctora, editora.
Trabaja solo con Proyectos propios. En su haber existen más de 10 libros y alrededor de 25 antologías publicadas a nivel local e internacional.

Dolores Reyes (México)

María Dolores Reyes Herrera
(Voz De Orquídea)
México

Originaria de la H. Tlapacoyan, Veracruz. Escritora y promotora Cultural

Su formación de escritora fue en talleres de creatividad literaria en la UNAM. Universidad Nacional Autónoma de México.

COMO ESCRITORA: Tiene en su haber, tres libros publicados de su autoría. Uno más en coautoría con el Poeta Gregorio Maza Ramos de Piura, Perú. Más de veinte antologías en México, Perú, Chile, España y Portugal, donde participa con fragmentos de su obra literaria.

COMO PROMOTORA: Ha realizado recitales en la Cd. De México, visitas literarias Semestrales a CCH NAUCALPAN. Colegio de Ciencias y Humanidades de la UNAM. Organizó el ENCUENTRO DE MUJERES POETAS (EROTISMO EN VOCES FEMENINAS) en el Centro Cultural España en coordinación con Sepia Ediciones.

En el 2017 realizó una gira cultural por cuatros países de Sudamérica, donde promovió talleres de creación poética en Ecuador y Perú. Promovió su obra literaria en Colombia, Ecuador, Perú y Chile. Es promotora y Coordinadora General del ENCUENTRO INTERNACIONAL DE ESCRITORES EN GIRA.

ANHELO DE PAZ

Pánico viven las callejas de mi ciudad,

se ocultan entre las cortinas del temor,
olvidan sus recónditos sueños.

Anhelaban ser amplias avenidas,

que los motores reptaran por su asfalto
con ventanillas abiertas.

Zozobra es la respuesta que encuentran;

porque se convierten en tétrico escenario,
donde se escuchan vómitos de fuego y se inhala plomo quemado.

Vanessa Richard (Guatemala)

Vanessa Richard
Guatemala

Es maestra, coordinadora de diversos programas en Editorial Hispana USA y Latinoamerica, participa en Mujeres Poetas Internacional®. Representante de Editorial Hispana para Atlanta, Georgia. Escribe artículos para revistas hispanas en Estados Unidos y para el Periódico "Our Voices".

Libros publicados son:

Febrero Bisiesto. (Relatos, obtuvo el Premio del Congreso USA)

Step by Step. (Manual para la enseñanza del idioma inglés a nivel básico)

Noctámbula y las Siete Puertas. (Novela)

Cantos y Bailes Infantiles. (Compilación de rondas infantiles)

Tres Abejitas Traviesas. (Cuento infantil)

Cantos y Bailes Infantiles en español. (Canciones y partituras)

Ha realizado, además, libros colaborativos con escritores hispanos. Recientemente han publicado: "Proyecto Literario: Uniendo Escritos para un Mundo Mejor".

Su obra controversial es: Las mujeres no van al infierno, con la que obtuvo el Premio como Novela Revelación del año 2018.

VESTIDA DE ROSA
(FRAGMENTO POEMA MIGRANTE)

Vestida de rosa tan inocente ibas con tu
padre, llena de ilusión, llena de gloria…
Caminaron un buen trecho hasta llegar a un
rio…Río que oculta la ominosa
secuela de la muerte, destrucción de sueños
e ilusiones. Ella tan niña, tan pequeña
El rio estaba furioso y atacó a traición.
El mar inmenso, bravo, furioso, luego la
calma llegó; pero el rio siguió golpeando
la orilla con dos almas inertes, tu padre
enlutada su ropa y tú, pequeñita,
vestida de rosa abrazada a su espalda.
Se ven tan débiles frente a ese río de
muerte y de temperamento bravío. Se ha
portado egoísta y no quieren que naveguen
en sus fluviales de espanto. Se ven tan

débiles como la inocencia, como las
mariposas querían volar alto; pero un cruel
destino arrebató a una madre, sus más
preciados tesoros, esos que no se compran
con oro. Ahora una madre llora y
enloquecida va buscando a sus seres
queridos por todos los ríos que pasa…
Mesados sus cabellos, descalza transita…
¡Rio Grande, devuélveme a mis amores!
Ellos son míos, son mi vida…no te los
lleves contigo. Solo en su mente recuerda
que su niña, su pequeñita va vestida de rosa
y su esposo lleva enlutada la ropa.
El rio no responde, el silencio no hizo ruido
porque sus huellas se hundieron en arena.
Una voz del cielo grita: La sangre de los
héroes no es estéril; es un rio desbordante
que fecunda. Ahora están conmigo, y desde
aquí me ayudan a buscar en la corriente..

Aída Rodríguez (Cuba)

Aída Rodríguez
Cuba

Nació en la Habana Cuba.

Graduada de Educadora y nivel medio superior en Sicología Infantil.

Actualmente reside en Louisville Kentucky USA.

Es miembro del Taller Literario José Martí de Kentucky.

Obtuvo la membresía de la Academia Latinoamérica de Literatura Moderna, así como la membresía de la Academia Norteamericana de literatura Moderna Internacional.

Se le otorgó la membresía a la Academia Popular Uruguaya de Cultura Internacional APUCNI.

Participó en Proyecto La Diáspora de la Editorial Hispana donde fue seleccionada dentro de las cien mejores Escritoras Oro.

En esta misma Editorial se editó su libro: Titulado: Una Nueva Forma De Amar.

Así como ha participado como coautor de las Antologías Cuba Poética. Mi Madre Es Una Rosa. Divina Mujer. Pasión Poética y Las Cien Mejores Escritoras.

Ha participado como coautor de dos Antologías con la Editorial Issuu. Mujer Idolatra y Dile No A La Violencia Contra La Mujer. Participó igualmente en la Antología Infantil: Una Historia Por Una Sonrisa con la Editorial Diamante Y en la Antología Un Brindis Por La Poesía. A tenido participación en dos Galas y dos Congresos Virtuales por La Paz y El Día Internacional de la Mujer celebrados en Chile. Argentina y Perú. Sus letras son Declamadas en cuatro emisoras radiales Satélite visión. Chile . Dino Perú . Ecos Poéticos México. 33 HF Massachusetts USA. Pertenece a doce Grupos Poéticos de Facebook, además de contar con su propio grupo que administra llamado Fraternidad. En dichos Grupos su trabajo literario ha sido destacado recibiendo certificados de reconocimiento.

DISEÑO DIVINO

Es fácil llamarte mujer,
para algunos es efímero,
porque le resulta incomprensible tu valor.
Eres reconocida y amada por muchos,
aunque la desilusión golpee tu alma,
resultas vencedora.
En tu rostro se refleja valentía,
en tu mirada firmeza y fuerza en tu alma
te trazas metas y haces caminos,
con la magia de tu espíritu,
insistir y resistir hasta alcanzar el objetivo.

Del abandono te recuperas con una sonrisa,
demostrándole al que te pierde,
que después te necesitará,
porque sabes amar.
Solo los que no están dotados con
sabiduría,
no pueden ver que eres una semilla,
que dentro guardas una bella flor.
Eres pura creatividad,
eres un diseño divino.

María Guadalupe Rojas G. (México)

María Guadalupe Rojas Garay
México

Escritora Mazatleca. Nació el 5 de julio del 1949. Además de escribir cuento novela y poesía es compositora. Con participación en ocho antologías. Ha presentado una novela de su auditoría Los Terribles Juegos del Destino y un poemario de título Sin Alas Vuela. Ha fungido como jurado de poesía en secundarias, primarias y en IMJU departamento de la juventud del ayuntamiento de Mazatlán Sinaloa y en el concurso la pluma dorada de la escuela Náutica de Mazatlán. Su preparación literaria en cátedras y egresada del programa de creación y apreciación literaria del ISIC del estado con reconocidos escritores de México.

UNA CARTA A MI MADRE

En este día. . .
Madre mía, han pasado muchos años de tu partida,
y aún a tu ausencia no puedo acostumbrarme.
Hoy escribo estas líneas con empeño, ante el mundo
para venerarte.

Porque en mi corazón, amor sembraste, paciente y amorosa,
bordaste mi alma sin quebrantos.
Guerrera fuerte, tierna, leal, sincera, porque al camino del
alba, la luz de noche me mostraste.

Siendo guía en el mensaje de los diez mandamientos, me
explicaste y no entendía nada,
era una niña y no obedecía, y por mi culpa sufrías.

Ahora posada en el alto cielo, tu imagen es un anhelo, en
ese florido azul.
En ese mundo bueno te abraza Dios, y te hablo en esa distancia
que nos divide y en el viento me respondes.
Brota el salitre de los ojos, resbala sobre mi rostro cuando
aspiro el viento, calmo los temores.
Cada diez de mayo, con este amor definitivo, al no abrazarte
vuelve el duelo. Hoy refugio en este testimonio, mi eterno amor por ti.

Laura Romano (Agentina)

Laura Romano
Argentina

Laura Romano nació en Buenos Aires, el 20 de agosto de 1978. Está casada con Gastón y tiene dos hijos, Gael y Alén. Es escritora y tiene una página donde expone sus poemas, " Laura Romano escribiendo pa' el mundo". Es además Arteterapeuta, Técnica en Ceremonial y Especialista en Relaciones Públicas. Está culminando su Licenciatura en Ciencias Sociales y Humanidades en la Universidad Nacional de Quilmes. Cree en el Amor universal y desea expresarlo dando un mensaje de paz, de libertad y de plenitud, especialmente a las mujeres.

LAS GRACIAS DEL SOL

En tu perfil se anotan una a una las bellezas
que perfuman mis anhelos desde que Soy.
Mi Gael...Llegaste en el otoño más soleado que antes no existió...
Si. El sol, (me pareció), pretendía ser naranja.
No como las naranjas.
Ni tampoco, como las mandarinas
No era amarillo, ni dorado...
El sol: imponente, agradecido.
(Yo: deshojada, Agradecida.)
No era el sol maravilloso.
Era el sol maravillado.
De todos los colores y de ninguno.
Tal vez un color hubiese opacado su grandeza.
Porque nacías vos. Mi Gael Tomás...
Sólo porque nacías vos.

Leonor Andrea Rodríguez (Colombia)

Leonor Andrea Rodríguez
Colombia

Ejerció su actividad profesional en colegios públicos como Teresa Gonzáles de Fanning, Gabriela Mistral y Tacna. Luego fue profesora de historia y geografía en el Colegio Alexander Von Humbolt y y en María de Las Mercedes de Miraflores, después pasó a la educación superior, enseñando Geografía Turística en el Instituto Superior Los Andes y en el Centro de Formación Turística Cenfotur y posteriormente en la Universidad San Ignacio de Loyola donde desempeñó las Cátedras de Geografía Turística y Relaciones Humanas.

Ha publicado seis Poemarios.

Antonia Russo (Argentina)

Antonia Russo
Argentina

San Nicolás, Buenos Aires. Poeta, Escritora. Gestora Cultural
Coordinadora Académica para América Latina de la Academia Latinoamericana
de Literatura Moderna
Académica Academia Latinoamericana de Literatura(México)
Académica Academia Internazionale Erato (Italia)
Académica Academia Norteamericana de Literatura Modernna (E.E.U.U)
Embajadora de la Paz de IFLAC PAVE PEACE The International Forum For
The Literature and Culture of Peace
Eslabón en la Cadena de la Paz
Embajadora de Paz de World WidePeace Organization
Embajadora de Paz World Institute for Peace (Nigeria)
World Icon of Peace de World Institute of Peace (Nigeria)
Embajadora Itinerante Academia Latinoamericana de Literatura Moderna.

Clara Salas (Perú)

Clara Salas
Perú

De Arequipa, Perú. Magister en Educación, licenciada en educación especialidad primaria. Ha participado en diferentes recitales poéticos, ponente y dicta talleres de creación de cuentos y poemas, declamadora, narradora de cuentos, ha publicado "Los cuentos de Luna" 2017 y "Los cuentos y Poemas de Luna" 2019. participación en diversos festivales virtuales a nivel nacional e internacional.

Antologías: Salud en Libertad, Amantes del País (2018), Contando Historias a los pies del Misti, Centro Cultural Plumas y Tablas, Arica. Chile (2019), Cuentos sobre la Luna, El Gato Descalzo (2019), Por la Vida y Por la Paz, América Madre Filial Arequipa Sede Córdoba. Argentina (2019), ANTOLOGÍA POETAS Y NARRADORES DEL 2019, en homenaje a la escritora Clorinda Matto del Instituto de Cultura Peruana de Miami-Florida, XIII MUESTRA INTERNACIONAL DE CARTAS Y POEMAS DE AMOR Y AMISTAD CAJAMARCA – PERU Antología 2020.Reconocimientos: Foro Femenino Latinoamericano DISTINCIÓN MUJER DESTACADA EN LA CULTURA 2019 & MENCIÓN ESPECIAL MUJER DESTACADA EN LA CULTURA. Municipalidad Provincial de Arequipa por capacitación a voluntarios promotores del Programa "Lecturas Compartidas con Biblioteca Infantil" (2019). Mágicas Princesas "Promotora de la Paz" por compromiso con la sociedad. Ministerio de Relaciones Exteriores, Diploma al Mérito por apoyo a la Literatura y la Cultura I Concurso Binacional Escolar de Literatura Perú Chile 2019, organizado por Revista "Poesis Abditus (Perú) y Odiseas de la Artes (Chile).

MUJER

No hay poeta, ni escritor
que pueda describir lo maravillosa
que eres tú, mujer.
Dios que es un gran creador
te esculpió y te hizo perfecta.
Hizo la creación más divina,
de alma cristalina,
puso dos estrellas en tus ojos,
adornó tu piel con brillos de luna,
colocó rizos de sol en tus cabellos,
caricias de seda en tus manos
que tocan el alma, pero muy firmes

para construir y forjar un hogar.
De tus labios nacen besos tiernos,
palabras solidas que impulsan un actuar.
Brazos firmes; que abrazan tiernamente,
pechos que cobijan y alimentan
al hombre del mañana
Mujer de ayer, de hoy, del mañana,
mujer de siempre
y para siempre.
Flor perfumada, maravillosa,
mujer preciosa, de corazón a piel,
no hay joya más hermosa
comparada con tu ser.

Celia Sánchez (México)

Celia Sánchez
México

Celia Rocío Sánchez Ramírez
Celia Sánchez
Directora General del Colectivo Cultural VIENTOS DE LIBERTAD
Ex Directora General del Colectivo Poético Voces Hidalguenses
Voz en Andrómeda Radio
Vicepresidente de la Academia Nacional e Internacional de la Poesía sede San Luis Potosí cuenta con participaciones en más de 10 Antologías algunos de sus poemas han sido traducidos al árabe.

NÁUFRAGOS
(Fragmento)

Hay amores que son
verdaderos y aunque
tomen rumbos diferentes,
siempre serán eternos.
Fuiste bálsamo en la
soledad de mis noches, y
ambrosía de mis mañanas.

Descubrimos fantasías
sobre puertos de navegación
plena.

Te fuiste adueñando
de mi débil voluntad,
que se negó a poner
resistencia.

Perdí entonces la
conciencia, con la esencia
de caricias que fluyen
para dar continuidad a
emociones, que unen puntos
cardinales

que se pierden en lejanos
horizontes.

Me dejé llevar por el
vaivén de las olas de
mares desconocidos,
A los que nos arrastró
el torbellino que provocan
nuestras bocas sedientas.

Me dejé llevar por tu experiencia.

Tú... el marinero
que provoca la humedad
de esos sueños prohibidos.

Somos navíos que navegan
en aguas de salvaje lujuria.
Que pretenden encontrar
el arca perdida, dónde se
esconden las ansias del
naufragio vivido.

Juanita Sánchez

Juanita Sánchez

·····

Juanita Sánchez Oyarzo,Nació hace 71 Años En Punta Arenas,

Poeta Y Escritora De Magallanes,Ciudad Punta Arenas,Título:Profesora.

---1977, Se Integraca Grupos Literarios.
---1982, Participaactivamente En El Primer Encuentro Nacional De Escritores De Magallanes,
---1983, Se Publica Sus Primeras Obras(Poemas) En Antología:Nuevos Poetas Magallánicos.
---1970, Ganó Primer Lugar En Concurso De Poesía En Stgo.
---1977, Ganó Concurso De Poesía De Duoc.
---19881, Mención Honrosa, Poesía Concurso Pablo Neruda En Taller De Umag.
2014---Tercer Lugar, Concurso Poético De Poemas Del Mundo.
---1988-1991, Cargo De Secretaria En Directiva De Sociedad De Escritores De Magallanes,
Filial Sech.
---1986, Publica Su Primer Poemario, "Las Horas Y El Silencio", En Rapa Nui(Isla De Pascua)
---1988, Es Incluida En Ek Libro"Historia De La Literatura De Magallanes, Por Ernesto
Livacic Gazzano.
---1981 A 2009 Creo Revista Literarias Y Dirigió Talleres En Escuelas.
---Libros De Su Autoría: "Clamor Y Visiones",
"Cantos De Vida Y Esperanza","Cascadas De Amor","Huellas De Amor", "Amor De Piel
Nevada".

Maruja Scott (Chile)

Maruja Scott
Chile

Presidenta de SEM año 1990-1992.

Gestora de la Primera Feria del Libro de Magallanes año 1990.

Se realiza hasta la fecha.

Gestora del Primer Concurso de Poesía Ilustrada Internacional,

de la Patagonia Chilena. Argentina año 1990.

Vicepresidenta de SEM año 1994 - 1996.

Autora de cinco libros de poemas: "Esperanzas Mágicas" 1984,

"Manifiesto al Amor"1990 "Plural" 1995. "Bohemia" 2001. "Viento del Alba" 2004

 Antologada en el libro de poesías "Nuevos Poetas Magallánicos" 1982 de SEM

ESTACIÓN

Viejo:
Tú que miras con resignación
tu pasado.
Quimeras y alegrías
diste y dieron,
tu alma vibra
por tan bello ayer.
Peón de alba fuiste,
futuro para soñar,
fuente de riquezas
logró tu corazón.
¿Qué sueñas para hoy
con tu pipa,
compañera inseparable
en el ocaso de ayer?

Pamela Simoncelli (Chile)

Pamela Simoncelli
Chile

Nace en Santiago de Chile en la década del setenta. Desde muy niña supo que la Literatura sería una parte medular de su Vida. A los 11 años publicaron su primer cuento. En el diario "La Tercera de la hora", corría 1982. El cuento se llama "El gato que perdió sus siete vidas". Desde allí no ha parado de escribir y crear…En 2014 se graduó de Profesora de Educación General Básica con Mención en Lenguaje y Comunicación de la Universidad Finis Terrae.

En 1995 aparecen algunos de sus poemas en la Antología "Desatados soles" Patrocinada por la Ilustre Municipalidad de Ñuñoa de Santiago de Chile y por la SECH Sociedad de Escritores de Chile.

Titular del Grupo Literario "Amigos del verbo verde".

Ha publicado un Cuento Infantil ¡Toc! ¡Toc! La puerta de los sueños en coautoría. Con algunas Ilustraciones de Cristóbal su hijo de nueve años.

Se encuentra preparando un libro de "Poemas, Pensamientos y Yuxtapuestos".

"Soy un árbol que levanta sus raíces para lograr tocar los rayos del sol".

MI SUR PROFUNDO

Tiene enraizados todos los versos, que me habitan.
Los pies con bendito barro...
de los niños pequeños.
La Matadero Palma, la 508, Franklin, el San Cristóbal, las casas de Pablo...y los porotos con rienda, las lentejas con suculento zapallo...forman una celestial amalgama por la que me dejo querer.
Aquí te puedes extraviar en los ojos de un desierto florido, en unos ojos de agua que no tienen fin.
Mi Sur profundo es sal petrificada. Con las tres Marías que cuentan historias del Baker, del Neff, del Estrecho de Magallanes.

Dónde los auténticos poetas creamos catedrales de mármol.
Somos tierra de ventisqueros...
sonidos de aguas milenarias,
gélidas, ígneas.
Con olor a tierra verde...
a tren que nos hace volar.
Con un Abecedario furioso, Diverso...útero fecundo que empuja sílabas que cantan.
Boca de léxico amplio.
Con un puerto de casas colgantes...
y en el cielo un fondo estrellado.
Donde existe el negro, verde, blanco, azul y rojo.
Simplemente mi Sur Profundo...llamado Chile.

Gladys Sandoval (Guatemala)

Gladys Sandoval
Guatemala

Nacida en Ciudad de Guatemala Centro América, Secretaria Comercial, participó en La Antología de La Paz en México con poetas de varios países.

También ha participado en varios eventos de poesía, escribe desde hace siete años, le agrada escribir romántico en estilo libre.

SINFONÍA DE AMOR

Cuando contemplo tu figura y veo el tiempo pasar
recuerdo los momentos en que cantábamos juntos en las noches de soledad.

Siempre tomados de la mano como queriendo absorber
cada minuto de nuestra vida para no dejarla ir.

Entrelazamos las manos en señal de cariño y ternura
sintiendo que cada día nos envolvíamos en una perenne aventura.

¿Qué te quiero?
No dudes de mí jamás,
porque el amor que compartimos sabes que nunca terminará.

Vivimos en sintonía
plenos de mágica armonía,
bailaremos muy pegaditos
¡No importa si es de noche o de día!

El amor se entrega siempre porque en el calendario no hay marcado un día que sea para disfrutar
¡De tu amor vida mía!

Susana Tulian (Argentina)

Susana Tulian
Argentina

Nació en Jesús María, Córdoba.   Radicada en Río Gallegos, provincia de Santa Cruz. desde el año 1988.

Docente. Escritora. Disertante. Diplomada en DDHH y Promotora de Paz.

Embajadora por la Paz y Delegada de IFLAC (Foro internacional de la Literatura y Cultura por la Paz) en Santa Cruz. Miembro de Asociación Uruguaya Literatura Historia y Arte (A.U.L.H.A)

 Ha publicado diversas obras de poesía contemporánea: "Atrevida" (2017) "Confieso Poesía" (2019)- "Voz de Mujer" (2020). Otras publicaciones:" Fotopoemas por la Paz del Mundo". "La Vida es un Chocolate". "Cien Poetas Por la Paz". "Poetas Por la Paz Mundial 2020"-. "La Palabra: Vínculo Social para La Paz-. "Amazonia". ¨Poemas y prosas de Amor" y ¨Porque soy Mujer¨, "Voces del Futuro por la Paz 2020". "Huellas de Paz". "Con los Pies en el Cielo"." No me Olvides"." Voces en Cuarentena". "Luces 2020"

Expuso obra "La Lenga" en el Carrusel de la Louvre Francia 2019, como participante del Taller de Arte "Barro Tal Vez" de Río gallegos. Participante en Ferias del Libro Internacionales, España e Italia.

PAÑUELO BLANCO

El blanco
se bate al viento
y un pañuelo
lo atrapa en vuelo.
Es que la zamba lo reclama
para vivar la paz
en cada pueblo.
Hay aroma a quimera
en cada trozo de viento

Hay esperanza prendida,
en cada llama encendida
El paso se hace lento,
aunque es un camino seguro,
la paz está en los acordes,
de nuestros buenos valores.
El blanco se bate en el cielo
prendido a una nube blanca
Todo al compás del pañuelo
que pide la paz y el amor
en cada vuelo.

Ana Ulehla (Argentina)

Ana Ulehla
Argentina

Docente jubilada, nació en Icaño, Stgo del Estero, Argentina Actualmente vive en La Rioja y se dedica a escribir y a recitar poemas propios y de autores internacionales que lo solicitan. Con esos audios, Martín Parnenzini, su nieto de 14 años, le ha enseñado a realizar videos que sube a YouTube. Además, tiene el "Blog de la Abuela Ana ", donde escribe la historia de sus ancestros y una página "Salpicado de letras y voces ", donde plasma todos sus pequeños logros que comparte con su nieto.

Ha participado en concursos de poesía; también en programas de radios nacionales e internacionales en entrevistas sobre diversos temas, y sus audios salen al aire en esos programas todas las semanas; en varios programas contra la violencia de todo tipo y en los de Ni Una Menos; ha publicado sus poemas por cuatro años consecutivos en antologías del Instituto Cultural Latinoamericano y Editorial Hispana; ha participado en lecturas de poemas en la Feria del Libro de La Rioja, Argentina; últimamente nuestro amigo país Uruguay le ha otorgado el premio VICTORIA por su labor como difusora.

Relatos:

El cachorro (Antología Instituto Cultural Latinoamericano de Cultura y Editorial Hispana)

Poemas:

Diversos (Antología Instituto Cultural Latinoamericano y Editorial Hispana)

Premios: "Victoria" del vecino país Uruguay, por su labor como difusora.

PARA SOBREVIVIR

Para sobrevivir al hielo y al abismo,
me inventé un amor.
Lo pinté con los colores del arco iris
y todos los sonidos más bellos del universo.
Me cubría toda por dentro y por fuera,
con música del viento y rugidos del mar.
Mis dedos eran pétalos, hojas,
caracolas, guijarros, arenas...
Y mis ojos viajaban más allá del horizonte,
colgados de las mareas, el agitar de las alas,
el transcurrir de las nubes.
Amé con tal pasión,
que descubrí el mundo perdido bajo el mar,
la estrella más lejana, el idioma del árbol,
de las olas, de las gaviotas.
Y me fui del mundo, libre, cubierta de
nieve,
respirando el aliento de la tierra
que palpitaba bajo mis pies.

Maritza Vega Ortiz (Cuba)

Maritza Vega Ortiz
Cuba

Maritza Vega Ortiz (Cuba, Güines, 1968).   Narradora y poetisa, ha incursionado como guionista radial en emisoras nacionales. Diplomada en Periodismo Digital por el Instituto Internacional de Periodismo José Martí. Sus trabajos periodísticos han sido publicados en revistas y periódicos del país. Miembro del grupo Utopía Poética, Del Grupo Intergaláctico, de Poetas por la Paz y la Libertad y de la Editorial Hispana USA. Autora del libro de cuento Cielo de cristal (Extramuros, 2014), de Un montón de espejos rotos (Editorial Guantanamera, Sevilla, 2018), En el límite (Editorial Primigenios, 2019) y Tus luces sobre mí, (Editorial Primigenios, 2020) Poemas suyos han sido traducidos al inglés, francés y bengalí. Parnaso de la glosa cubana (Ediciones Endymion Madrid. España, 2019), La Voz de tus Escritos (Ediciones El Parque), La antología 100 Poetas por la Paz, (2021), Antología 2020 FESTIVAL MUNDIAL DE POESÍA, Frente poético mundial en defensa de los derechos de la mujer.
Y tiene en proceso editorial el poemario, Puerta inhóspita y otros libros inéditos.

PASO PRECISO

A la memoria de mi padre

Paso preciso,
mano de acero
en el acecho
ojo de águila.

Mágico verbo,
furia prendida,
brasa rebelde,
que yergue el alma.

Hora inquieta,
piel transparente,
diestra de seda con sus *cachorros*,
jadeante caricia en su adorada.

Hombre impoluto,
larga faena,
hábil proyecto,
mil melodías
que no me alcanzan,
que no me alcanzan.

Beso húmedo en el espacio,
velo gris de *saudade*,
traza una senda sin despedida.

Arrebato, silencio,
seis sílabas entre clamor,
voz que susurra,
lamento,
grito del pecho roto,
mi alma en ascuas
—la vida extinta.

Patricia Elena Vilas (Argentina)

Patricia Elena Vilas
Argentina

Licenciada y Escritora de renombre en su país origen ha traspasado las fronteras con sus obras. Tuvo varias intervenciones en concursos literarios, tanto nacionales como del exterior, contando con trabajos publicados en antologías (Argentina –Editorial Dunken, España, Francia y Latin Heritage Foundation -United States of América). También tuvo participación en distintos portales literarios.
Ha recibido una multiplicidad de premios por su trayectoria literaria.

SENTIRES DE LA VIDA

A la vida le es grata
la brisa del nuevo año,
donde el viento escribe
palabras eternas,
los horizontes de luz en
la naturaleza y la negrura
de la noche que se esparce
a lo largo de soleados
senderos de Cipreses.
A la vida le es grato
el canto de la naturaleza,
donde se escuchan las voces
de los mares y de los sueños.
Me acercaré ese día a tu hermosura
llámalo amor ó como quieras,
ha devenido el sueño más hermoso,

aquel lúgubre día de invierno.
Amanece,
a gatas por la ventana,
robando los sueños que van
entre mi mente y la almohada,
como un relámpago inesperado.
Ya sé que tú me conoces,
estarás conmigo siempre
con tus ojos velados por la niebla,
tu gloria está colmada,
tú no has muerto.
¡Oh, príncipe encandilado
por un sol tornasolado.
Ves llegar con terror las largas horas,
sentir la quietud de un vacío,
escuchar un silencio profundo
que es la verdadera música,
cerrar los ojos… y temblar de frío.

Iraida Villar (Cuba)

Iraida Villar
Cuba

Nació en Ciudad de la Habana, Cuba, en 1951. Graduada de Licenciatura en Educación en Lengua Inglesa en el Instituto de lenguas Extranjeras de la Habana. En Cuba trabajó por 21 años como profesora de inglés en el Instituto Preuniversitario de la Víbora y en la Facultad de Medicina Miguel Enríquez.

Nacionalizada Americana, radica en Louisville, Kentucky, Estados Unidos donde obtuvo su Maestría en Arte en la Universidad de Louisville, además obtuvo Rango 1 en Educación y trabajó en la escuela Frederick Law Olmsted Academy como profesora de inglés como Segunda lengua, hasta su retiro de Educación.

Actualmente participa en el Taller Literario José Martí Capitulo Kentucky donde ha comenzado a incursionar en la poesía. Ha publicado en las siguientes Antologías: Cuba. Antología Poética; Divina Mujer; Cuarentena Literaria. Su primer libro se llama: A Vuelo de Pluma. Poemas y Reflexiones, todas con la prestigiosa Editorial Hispana USA.

AMÉMONOS EN SUEÑOS

Cuando la pleitesía
inspira la fantasía
sobra la pasión,
siempre habrá emoción.

Amar será un deleite
que nuestros corazones contenten
unidos querremos estar
y admirados comulgar
ardorosos pensamientos
en total estremecimiento.

Encuentro de cálidas mentes
que la soledad ahuyente.
Soñar será la fuente,
que nuestras vidas inspiren.

María Luisa Zerbo (Argentina)

María Luisa Zerbo
Argentina

De Comodoro Rivadavia, Chubut. Actualmente residente en Río Gallegos, Santa Cruz.

Autora de los Proyectos: "El Despertador" Declarado de Interés Municipal Res. 20/09/18 Honorable Concejo Deliberante de Río Gallegos y" Letras Itinerantes" Declarado de Interés Cultural mediante Resolución N-º 15 del día 10 de mayo de 2018 por el Honorable Concejo Deliberante de Puerto Santa Cruz.
Autora de Tres libros: "La Vida y Sus Misterios" Poesía (Declarado de interés Municipal Res. Del 16/10/14).
"Desde La Estepa", Cuentos y "Bien Al Sur, El Zorro y El Paisano", Novela corta patagónica.
Declarados de Interés Municipal mediante resolución: 143 del día 16/05/19
Ganadora de múltiples premios a la poesía y narrativa.
Integrante del Concejo de Paz de la República Argentina.
Integrante de Antología:" 100 Poetas por La Paz "(Ed. 2019). (Ed. 2020)
El Movimiento Mensajeros de Paz "Pacis Nuntii" Certifica: que la Prof. Luisa Zerbo Fundadora del "Taller El Despertador" en la provincia de Santa Cruz recibe la "Bandera Universal de La Paz" en reconocimiento a su labor cotidiana de construcción de Paz y Bien Común, a través de la Palabra, el Arte y la Cultura trascendiendo fronteras ideológicas, étnicas y religiosas. La Bandera confiere a su portadora el carácter y espíritu de Embajadora, Mensajera, Anunciadora y Constructora de la Paz Universal.

Micro Ensayo, tema: <u>Sistemas de Salud</u>

La salud es la base social más descuidada en el mundo.
Solo recordamos cuando vivimos situaciones catastróficas mundiales o en el sistema local al no poseer un servicio determinado. Allí recién nos damos cuenta que no "Hay Equipo", ni insumos por falta de inversión.
Todo influye en la base que es la educación para inculcar una visión de futuro a nuestros jóvenes.
Al médico especialista se le debe pagar muy bien para que no se vaya del país y permitirle su capacitación durante su carrera profesional.
Luisa Zerbo
"La Petrolera del Manantial"
Argentina

Mariel Gabriela Zucca (Argentina)

Mariel Zucca
Argentina

Nacida en Rosario, el 1º de abril de 1979.   Apasionada por la tinta y el papel desde que mis maestras supieron mostrarme la magia de los primeros trazos. Desde que en primer grado confesé, en medio de la clase de Matemática, que quería a mi Papá "hasta el infinito", como la recta numérica, o desde que aprendí a escribir una carta a Mamá y mandarla por correo… ¡Por correo! Cuántos años han pasado…

 Secretaria y miembro activo de la Sociedad Argentina de Escritores de Rosario. Con mucha felicidad en junio de 2019, se terminó de imprimir mi primer libro, "Atte… La Vida", y con él, cumplo mi mayor deseo… dejar las palabras, para que las usen, quienes las necesiten. Para que se identifiquen, aquellos que no las encuentran. Para transmitir el valor de las palabras y embellecer el mundo con ellas. A fines de 2019, participo de la Convocatoria Las 100 Mejores Escritoras de Iberoamérica y El Caribe de Editorial Hispana US… Siendo gratamente, una de las escritoras seleccionadas. En febrero de 2020, por la participación en el Libro Puente de palabras 17, soy nominada a recibir el Premio a La Trayectoria.

SIN ENGAÑOS

Me han partido en mil pedazos,
en intentos, me reconstruí.
Me han quemado
en el más abrasado fuego,
como el Ave Fénix,
de las cenizas renací.
Me deconstruyeron
los cuentos de final feliz,
en poeta me convertí.
Si soy cruda en mi respuesta,
disfrazada en cada letra,
soy un antes y un después,
del último trozo que perdí.

ÍNDICE

Créditos de Portada
1. **Emna Codepi- Pintora y Escritora Colombia**
2. **Editorial Hispana USA (Diseño Grafico)**